Paul Pistea

Stupide Einsteins und Co.
Aberrationen der Denker

Paul Pistea

Stupide Einsteins und Co.

Aberrationen der Denker

Rediroma-Verlag

Bibliografische Information der Deutschen Nationalbibliothek:
Die Deutsche Nationalbibliothek verzeichnet diese Publikation in der Deutschen Nationalbibliografie; detaillierte bibliografische Daten sind im Internet über http://portal.dnb.de abrufbar.

ISBN 978-3-98885-369-1

www.rediroma-verlag.de
12,00 Euro (D)

Stupide Einsteins[1] und Co.

Stupidus scientiae

Aberrationen der Denker

Die Dummheiten der Wissenschaftler
und was die Wissen-Schaffer vergessen haben zu sagen.

Was man selber nicht verstanden hat, kann man nur anderen erklären. Meister in dieser Disziplin sind: Einstein, Bohr, Kant, der Papst und Shakespeare[2].

[1] 1t1 kann man auch Einsteins lesen.

[2] Beim Poeten- der hat gerade noch gefehlt- fragt man sich: und, was wollte uns der Künstler damit sagen?

Inhalt

n *
Motto: die Dummheit des Gelehrten ist, wenn schon, mit Sicherheit um einiges größer.

Der Philosoph Betrand Russell hat(s) bekräftigt:
es ist erstaunlich, wie sicher die Dummen sein können[3].
Alle Achtung!, wer gibt schon zu, er selbst sei (sich) sicher, dass die Dummen sicher sind?

Dummheit schlägt höhere Wellen.

Den Dummen die Gedanken abzulesen ist einfach schwer, dafür aber recht kompliziert zu deuten.

Aus schwarzen Löchern kommen nicht mal Ideen mehr raus. Langsam aber sicher.

Meistens geht es schon um das schöne Geschlecht, genauer gesagt eher rund um den G-Punkt.

Kopulation macht die Population- leider bringen Casanovas und Machos den Trend durcheinander.

---

[3] Sind Sie sicher Mister Russell?

π *

Die Dummen machen die Mehrheit aus. Es sterben Menschen. Dadurch müsste der Intelligenzkoeffizient wachsen. Aber die Geburtenrate ist größer als 1.

Dumm geläufig: ein Dummer pro Kopf, statt 82 Millionen Dumme pro Kopf, oder sogar 2 Milliarden Idioten pro Kopf, macht keinen großen Unterschied mehr.

Falls Intelligenz erblich ist, und wir stammen auch noch vom Affen ab, dann war die Evolution einfach schlauer als wir[4].

Der Affe ist ein Jemand der evolvierte, um mit Affen zu experiment()tieren.

Letztendlich wird der Mensch alle Tiere zähmen., außer Menschen. Die Schuld dafür trägt der Affe, weil er (noch nicht) zum Menschen wurde. Von wegen der Gescheitere[5] gibt nach.

Ihr mit euren Atombomben: Stammt bitte (nicht) ein zweites Mal von den Affen ab.

---

[4] Metzger()Ei, Becker Ei, Maler Ei: Die klügeren Eier als die dummen Gänse, Mister Darwin.

[5] Oder der Gescheitertere gibt nach.

π *

Nein, es stimmt nicht ganz, dass die Affen vom Baum runter geklettert sind, ohne ihn vorher bestiegen zu haben, obwohl(,) im Falle der Fallschirmspringer und der Drachenflieger kann das schon stimmen. Die Affen müssen bereits als Urprimaten, Anthropoiden oder andere Vorfahren auf Bäume geklettert sein. Aber es ist nicht bekannt: wer die Vorfahren der Vorfahren der Menschen sind. Geschweige denn die Ahnen der Urahnen der Vorfahren der… also Adam und Eva.

Und ob Aliens manchmal auf Bäume landen, und runter springen müssen, ist dem Menschen auch nicht bekannt.

Soll das Universum in Folge einer Explosion entstanden sein? Ein Urknall[6], ja, innerhalb dessen Sterne explodieren. Na dann, von wo denn soll der Mensch das Bombardieren gelernt haben? Er hat`s in sich. Und die Folgen lassen sich sehen:

- Bomben mit verspätetem Zeitzünder können auch mit der Bundesbahn verschickt werden.
- Raumsonden (wie Philae) landen auf Asteroiden und sprengen sie (in die Luft-Leere), bevor die Erde bombardiert wird.

Dauer versus Stärke Regel: Die Diversität innerhalb einer Spezie/ Art/ Gruppe entblöst ihre längere Existenz- auf Dummheit wirkt die Evolution am stärksten.

---

[6] Big deal, big shit, Big Bang: ist ein Furz mit Tropfen.

π *

Schwarze Schmetterlinge, die sich auf weißen Birken ausruhen, werden von der Evolution ausgeschlossen. Sie sind die Auserwählten.

Die Evolution klopft an Türen., Türen, welche ihr die Selektion ins Gesicht zuschlägt. Da soll noch einer sagen, dass sie nicht frech ist… die Selektion., oder die Evolution.

Je öfter man auf Sünden verzichtet desto besser. Oder desto schlechter. Oder so. Ist ja egal, denn unter`m Strich, kann man sagen: Im Durchschnitt lebt jeder kürzer als er selbst[7].

Immer nur gleich nach dem man die Droge zu sich genommen hat, bekommt man den Mut auf sie zu verzichten.

Weil die Liste mit den Sachen die man nicht begehen sollte weeesentlich länger ist als die darüber was man tun müsste, empfiehlt es sich, die kürzere Liste zuerst durch()zu()lesen; man schlägt (sich) die Zeit tot.

Krankheiten sind ein Zeichen dafür, dass man etwas falsch macht: nach der Geburt.

Nostradamus hat keine Korona-Pandemie vorausgesagt.

---

[7] Ein geordnetes Leben (100%) ist länger als die Boheme (vielleicht 80%). Man berechnet den Mittelwert (100% + 80%):2= 90%. D. h. im Schnitt lebe ich kürzer als ich.

π *
Dummheit ist nicht wie die Seele: falls man sie hat, spürt man sie zwar nicht[8], aber man vermutet sie auch nicht.

Manche behaupten, wir wären allein im Universum. Nun, falls wir uns selbst ausrotten werden, dann sind wir bestimmt nicht mehr alleine., im Universum.

Anonymität überdauert das Universum, ist ewiger als die Ewigkeit und länger als (sie) selber.

Das Ende ist meistens näher als das Ziel.

Universell

Es soll 15.954.834.723.140.043.945.787.655.302.
808. 367.800.002.903.784.071.666.301.904.235.
100.300.285.401.322.506 (eine Zahl mit 80 Ziffern), Elektronen und genau gleich viele Protonen im gesamten Universum geben[9], behauptete Eddington. Dieses Eddington Protonen-Elektronen Gleichgewicht wird aber gestört, falls man zum Beispiel die Welt positiver gestalten wird. Ich bleibe neutral.

---

[8] Solche Dinge sollte man in Radian messen; Radian ist nämlich dimensionslos, was heißt: es hat keine Maß-Einheit (wie Meter, Liter, Grad, usw.).

[9] Ist Eddingtons Zahl nicht lang genug, so schreibe sie man im Binärsystem.

π *

Falls es außerhalb des Universums Nichts gibt[10], dann ist es um etwas Leerraum größer.

Aller Anfang[11] ist schwer: dann beginnt eben in der Mitte.

Man soll das Eisen schmieden, solange es heiß ist. Am Big Bang soll es kein Eisen gegeben haben.

Ob das Universum willkürlich ist?, aber ja, das auch (unter Anderem).

All-Anfang ist nicht schwer; schwere Elemente entstehen viel später., nach dem Urknall[12]. So wie schwere Alimente auch.

Die Fiat Lux Hypothesen: Als Kosmologen erkannt haben, dass Vermögen aus dem Nichts gemacht werden kann, sind sie auf die Idee gekommen; auch das was sie nicht verstehen, kann aus dem Nichts entstehen., zum Beispiel das Universum.

Der Herrgott hat das Universum ohne Löcher geliefert. Keine schwarzen Löcher, keine Wurmlöcher. Das Universum durchlöchert haben, später, die Astro-Physiker., wahrscheinlich brauchte das Universum Fenster und Türen zum Lüften.

---

[10] Dieses Jahr fliegen wir in den Kosmos und nächstes Jahr anderswo hin.

[11] Naja, 2-3-4 Kilo schwere Babies.

[12] Anfangs war das Universum heiß. Too hot o handle.

π *

Teilt man einen Wurm (nicht der Länge nach), dann hat man möglicherweise gleich zwei davon. Biologie ist eben anders.

Douglas Adams nach besagt eine Theorie, dass, sobald man das Universum versteht, wandelt es sich sofort in etwas komplett bizarreres um, wobei eine zweite Theorie bezeugt: die erste Theorie hat bereits gegriffen.
Nun, Herr Adams: gemäß Einstein suchen die Gelehrten nach einer einzigen Theorie, nicht nach zwei[13]!

Die Theorie aller Theorien: nicht genug Forschung.

Demotivationstheorie:
Manche Physikgesetze enthalten Variablen von denen sie implizit abhängig sind, andere Gesetze enthalten sie nicht, also sind sie unabhängig von denselben Variablen. Wie soll man sie auf gemeinsamen Nenner bringen?
Einstein wusste nicht, dass es keine Theorie für alles geben kann, folglich suchen nun die Physiker und finden: das was es nicht geben kann.

Die Erfahrung ändert sich kontinuierlicher als die Variablen.

Errare humanum est: beauftragt japanische, vom Papst gesegnete Roboter.

[13] Obwohl es Quanten und Relativität gibt., aber die wollen sie vereinigen.

π *

Der Mensch hat das Licht nicht erfunden, das ist klar, einleuchtend. Trotzdem haben es manche statt Fiat Lux, wissenschaftlicher ausgedrückt, als Urknall patentiert[14].

Sowas von elastisch dieses Vakuum. Und dann das Universum: es expandiert und bläht sich auf, und das auch noch inflationär. Super()Elastisch, gelt?

Wenn das Universum homogen wäre, wäre es nichts als geisttötend langweilig: immer wieder das Selbe.

Wozu aber gibt es dann noch die Physikgesetze?, welche besagen, entweder dass mancherorts das Licht gekrümmt wird, also nicht überall, oder dass es massive schwarze Löcher gibt, aber eben nicht überall, und dass das Universum klein war und nicht regelmäßig, dafür aber inflationär, immens größer wurde. Tja, Homo()Gen.

Andererseits, falls das Universum tatsächlich homogen wäre, dann bräuchte man lediglich $1cm^3$ (oder noch weniger) davon zu analysieren, um jedes Kubik-Parsec (pc^3) wie seine eigenen Taschen zu kennen. Die Erde, natürlich, ausgenommen.

---

[14] Obgleich es das Patentamt am Big Bang noch gar nicht gab; das hat man später patentiert.

π *

Und wenn das Universum homogen wäre, dann stünde es mit der Symmetrie[15] bloß (genau) halb so schlimm. Anders gesagt: lediglich halb so langweilig.

Die Welt geht unter!
Die Welt geht unter? Ehrlich? Unter was?

Bevor die Welt unter geht, wird sie eher über()laufen.

Die Menschen machen Kriege, weil sie als Sieger die Geschichte neu schreiben und insbesondere ändern können.

Auf()Erden

Die Welt dreht sich… Die Welt dreht sich ums Geld.
Geld allein bringt das Glück nicht, aber mit Zinsen...

Was für ein schöner Himmel über unserem Land!
Die Erde dreht sich, damit auch andere diesen herrlichen Himmel sehen können.

Im Weltall da dreht sich alles (mit mir),
ob Stern, ob Planet oder Stein.

[15] Symmetrie: 2 Hälften sollten gleich sein.

π *
Im Weltall rotiert wirklich alles-
die Götter müssen besoffen sein[16].

Klimaerwärmung: Auftauen die Gletscher. Tote Bergsteiger kommen ans Licht. Ötzi ist ein Beispiel.

Schneemänner schwitzen nicht., Aber Seemänner. Ein schweißfeuchter Fuß kommt selten allein; das kann man riechen.

Beim Runden drehen- Trabanten durch die Galaxis- fragt man sich, wo zum Teufel wollen die Kosmologen geschlossene Umlaufbahnen von Planeten um die Sonnen gesehen haben(?), wenn sich die Sterne samt Galaxien (mit bis zu 1 Million Kmh, also 8,76 Milliarden Km pro Jahr) davon bewegen (nach irgendwo).

Wenn das keine krumme, wirre, zig-zag Spirale ist[17]: eine Umlaufbahn gestreckt um 58 Mal die Entfernung der Erde zur Sonne. Ergo: Kepler, Newton and co., alle liegen richtig, müssen aber korrigiert werden.

Kein System befindet sich in Ruhe relativ zu einem anderen Durcheinander (wie angenommen).

Die interne Bewegung im Universum ist ein Kampf zwischen Expansion und Gravitation. Käme die Expansion zum Stillstand, gäbe es einen

---

[16] Siehe auch Alkoholwolke in der Michstraße W3(OH).

[17] Der Weg der Erde durchs All.

π *
sofortigen Kollaps[18]. Aber derzeit dehnt sich das Universum aus, um der Hubble-Konstante zu entsprechen.

Von wegen Urknall, schwarze Löcher... Die Erde ist die einzige Singularität im Kosmos., die einzig bekannte... Und die einzige welche nicht aus Formeln entsteht, so dass man sie mit Hilfe mathematischer Theorien und kosmologischen Tricks umgehen kann.

Phil Koogles Vermutung: Alles hat ein Ende, nur die Kugel hat keins., oder (zu) viele.
Reevaluation für Geographen: Alles hat ein Ende, nur die Kugel hat Pole.

Zum Nordpol gingen die zwei Chinesen, Am und Sen.

Ostpol, wie Westpol gibt es nicht, dafür aber eine Datumsgrenze. Die befindet sich nämlich dort wo Heute Gestern ist.

Die Erde ist eine Arche Noahs, die durch den Kosmos fliegt. Doch, wer ist Noah... ab und zu[19]?

---

[18] In einem statischen Universum würde alles in die Mitte stürzen- das hat Newton übersehen..., dass es ihn in so einem Universum gar nicht gegeben hätte.

[19] Propheten gibt es viele; die Erde soll Milliarden Jahre alt sein.

π *

In einem unendlichen Kosmos hätte auch die Erde Platz in einer Mitte zu residieren[20].

Die enorme Weite der Dunkelheit in Lichtjahren messen: warum Licht, äähmm warum nicht?
Falls jeder Punkt einer unendlichen, nicht beschränkten Menge eine Mitte ist, dann ist es unmöglich einen Rand zu erreichen, aber doch möglich von einem Rand zu spekulieren.

Man glaubt einem Auge mehr als 2 Ohren., was man tatsächlich braucht geht nie verloren: es ist verloren[21].

Ein einziges Suchprogramm zum Finden von was man vergessen hat dürfte reichen. Glaube nur falls du nichts zu verlieren hast. Ich bin, du bist er sie es..., wir sind im Kosmos verloren[22].

Das „Sie haben da nix verloren" Prinzip: In der Ewigkeit kann nichts verloren gehen, eben weil es bereits verloren ist.
Und auch das Denken, insbesondere die Kosmologie, ist ausgesprochen auf der Erde verloren.

---

[20] Eine unendliche uneingeschränkte Menge hat eine Mitte in jedem ihrer Punkte. Sehr viele Mitten. Sehr, sehr viele. +1 + noch 1…

[21] Wie ein Parsec im schwarzen Loch.

[22] In einer Mitte und trotzdem verschollen.

π *
Die Sachen sind so wie sie sind, weil sie eben anders waren.

Das Laufrad ist für den Hamster ein wichtiges Zubehör, welches deutlich zeigt, dass alle Wege nach oben führen, da sich die Erde dreht und auch noch rund ist.

Im Kosmos soll alles gleich schnell fallen., falls es nicht stürzt, wie auf der Erde wo es entweder Butter und Marmelade auf dem Teppich gibt und bald Lebensmittelkarten auf Brot geschmiert.

Kausale Theorie[23]: Als die Menschen anfingen das Land, worauf sie wohnen, zu verkaufen, entstanden Vögel und andere fliegende Tiere., und die Dronen, deren Autopilot zu Beginn noch Anfänger war.

Der „keine Bewegung, freeze(!) Befehl“: Ein Kompass verweist auf den magnetischen Nordpol, der sich (mit 22Km/Jahr) von Alaska in Richtung Sibirien bewegt. Alles fließt. Man muss bloß entscheiden, welches Mittel man einbezieht, um den goldenen Mittelweg zu finden: das geometrische, das aritmetische, das harmonische Mittel… im Durchschnitt.
Alle Wege führen überall hin, bis dein GPS stromlos bleibt.

Fleischfressende Pflanzen müssen erhöhte Cholesterinwerte aufweisen.

---

[23] Kausale Theorien gibt es kaum: keiner weiß warum!?

π *
Sind wohl die Bakterien die einzigen Vorfahren allen Lebens?, und, wenn ja, welche Bakterien?

Menschen machen Kriege, weil sie als Sieger die Geschichte schreiben wollen.

Gravita()tiefe Anziehung

Je größere Münzen man in Geldautomaten reinwirft, desto freudiger versagt die Gravitation.

Seit dem es die Gravitation gibt, ist nichts und niemand mehr frei- den britischen Forschern nach Newton, sowie auch vor Newton, ist das offensichtlich entgangen.

In der Mitte der Erde versagt die Gravitation nicht; da zieht es einen nach allen Seiten, anders gesagt: nach nirgendwo.

Besser den Spatz in der Hand, als: man hat Tauben auf dem Dach.

All()Gute kommt von oben. Weiter oben, gibt es kein oben mehr. Ob in der Hand, oder in der Luft, die Vögel kacken von oben., in der Gravitation.

Fällt einem Kacke auf die Zahnprothese, ist es Scheiße. Fällt einem die Zahnprothese ins Klo, so sind Implantate empfehlenswert.

π *

Regelmäßige Bewegungen verwendend kann man Uhren bauen. Je schneller die Frequenz, desto feiner die Zeiteinheit. Falls manche Uhren, in Gravitation eingetaucht, langsamer laufen, nehme man einfach andere Uhren, die apriori schneller ticken.

Kolibris` Flügelschläge werden nicht langsamer als die Ohren der Elefanten flattern. Auch bei starker Anziehungskraft nicht.

Weil Tiefer in Gravitation Uhren langsamer gehen, ticken Hirne auch langsamer. Also: Basketballer denken schneller.
Bergsteiger brauchen länger als Fallschirmspringer, bis sie die Gravitation verstehen[24].

Relativität im Restaurant bezieht sich auf: die Portionen werden kleiner und die Teller größer. Zum Ausgleich.

Die haben einen Sprung. Bei all dem Waffenarsenal und dem Bombenvorrat wird schon ein()mal[25] die Erde in die Luft gesprengt. Und wenn sie einen Sprung haben, dann ist die Frage: wo werden dann alle Springer während ihrem Sprung (ver)bleiben?- Fallschirmspringer, Skispringer, Stabhochspringer, …[26]

---

[24] Angst verzeiht Flügel. Feigheit ist manch ein Zeichen von Klugheit.

[25] Ein Mal reicht vollkommen.

[26] Und wo (im All) *landen* die Flugzeuge, wenn es kein Land mehr geben wird?

π *

Der Fallschirmspringer der keine Angst[27] mehr vor dem Fallschirmspringen hat, der sollte nicht mehr springen. Es sei denn, man befindet sich im All, wo man sowieso umsonst rumspringt.

Verallgemeinernd kann man schließen, dass: von dem Augenblick aus, ab dem man keine Angst mehr für sein Leben hat, ab dann wird man nicht mehr leben. Und umgekehrt: von dem Moment aus, ab dem man keine Angst mehr vor dem Tod hat, ab dann wird man nicht mehr sterben., sorry: nicht mehr tot sein.

Leben ist... während andere sterben.

Newtons Theorie der Anziehungskraft ist richtig für genau nur 2 Körper. Ab 3 Körper stimmt sie nicht mehr. Da stimmt vielleicht die Gravitation. Leckt mich am G-Punkt.

Am 1. April soll Fögel-Tag sein. Soll das ein Witz sein? 1 mal im Jahr Fögeltag?

Von Zeit zu Zeit wird nachgewiesen, dass eine Theorie nicht stimmt, was wiederum bedeutet: man weiß, dass man nicht weiß.

---

[27] Ob 400m oder 100m Hürden, die schwerste Hürde ist die Angst. Das erste Bedürfnis: Kommunikation. Dead men tale no tales (thales ist auch tot).

π *

Was einem nicht- Schädeltrauma- unverblümt auf den Kopf fällt, trifft, wegen der Gravitation, die Zehenspitze, ins()besondere wenn man Balletttänzer ist.

Die Giraffe nießt in des Nachbarn Hof., oder auf Balkone hoch: Evolution halt.

Philosophen sagen: Die Chance dass es uns gibt, ist sowas von klein..., wie wenn ein Affe schreibt Hamlet., aber laut Darwin hat ein Affe schon Hamlet geschrieben.

Terraforming wird schon irgendwann mal gelingen., auf der Erde in Form von auslöschen.

Unwelt environment

Geht Jesus auf Wasser und wird schmutzig., Jesus, nicht das Wasser.

Heutzutage sollte Jesus viel lieber Wasser in Trinkwasser umwandeln.

Jesus wird wahrscheinlich nicht wieder kommen; diese Gauner wären im Stande Ihn diesmal zu klonen: man stehle Ihm ein Paar Zellen und fabriziere manipulierte Buddhas, Profeten, Krischnas und Nostradamus-se.

Die Quantität des Wassers auf Erden, H_2O, das heißt einschließlich die Anzahl der Wasserstoffatome, sowie die der Sauerstoffatome könnte

π *
variieren, falls, zum Beispiel, Neil Armstrong and Co. auf'm Mond gepinkelt[28] haben.

Kreislauf des knapp werdenden Wassers in der Natur: der Mensch ernährt sich mit Molekülen, in denen viele Atome nicht mehr an ihren Plätzen sind, eben weil er selber sie versetzt (hat)- H_2O minus $O=H_2$; $O+CO->CO_2$ macht weniger Wasser, mehr Kohlendioxyd.
Soviel zur Theorie: bringt die Atome zurück dahin wo sie hingehör(t)en. Aber ja nicht zum Big Bang, denn dort verschwinden sie.

Wenn schon Fossilie, dann muss der Urknall so alt sein, dass es ihn gar nicht mehr gibt.

Manche Spezies sind vom Aussterben, und manche bedroht[29].

Wieder andere Spezies sind vom (neu) Entstehen bedroht[30].

Falls Leben als Kraft in der Materie residieren würde, dann wohnt es auch in der Energie.
Junger Rebell, alter Rebell, Mode unterliegt keiner Evolution, aber der Selektion.

---

28 D. h. Wasser vorort gelassen, also hinterlassen haben.

29 Schweine da wo man sie nicht essen darf.

30 Zum Beispiel die Kuh in Indien und der Stier in Spanien.

π *
Biologie hat Zukunft: ewig gibt es einen neuen Schädling zu entdecken[31].

Auf und in der Erde gibt es so viele Bakterien, dass, falls sie Schlange stünden, beispielsweise um Eintrittskarten *aus* dem Universum zu kaufen, dann würde die Länge dieser Warteschlange circa 200 Millionen Lichtjahre betragen; länger als einer der Durchmesser der Galaxis.
Biologie wird also sehr lang., eine ganz lange Geschichte.
Falls sie sich dort einfinden, wo nicht ihr prädestinierter Platz ist, tun Bakterien Schlechtes. Z.B. die die vom Darm in den Mund auswandern.

Bakterien ausrotten? Kein Problem: man haue ihnen mit dem Chemiebuch auf'm Kop`., falls sie über()Haupt einen haben.

Soll der Wein wegen dem Gähren Bakterienfekalien enthalten? Na dann: brennt Cognac draus.

Circa 15000 Biersorten? So wenig? Der Mensch lebt 30000 Tage im Schnitt.
Ein Bier pro Tag (denn ein paar Tausend Tage trinkt man nicht; weil zu jung/ zu alt). Naja, dafür aber gibt es noch allerhand Weine, Schnäpse, Cocktails…
1 Liter Parfüm kostet manchmal 365 Mal so viel wie eine Flasche Whisky- beide auf Alkoholbasis[32].

---

[31] Oder zu kreieren.

[32] 1 Flasche Parfüm am Tag versus 1 Flasche Whisky pro Jahr., das wird teuer.

π *

Man trinkt auf die Gesundheit. Um genauer zu sein: auf die eigene Gesundheit., zum Wohl.

Mehr als 150 Bequerel Strahlung pro Kg Körper ist für den Menschen schädlich. Aber welche Dosis von welcher Strahlung für`s Hirn schädlich ist, berechnete ein Hirn zuallerletzt., weil`s auch wichtig ist. Das Hirn.

Wo viele Ratgeber sind, da gibt es auch mehr Umweltverschmutzung; alle tun verbrauchen was andere manipulieren.

Es gehen Kranke auf Kur. Und kommen gesunder zurück. Also haben Kurorte immer weniger Gesundheit übrig.

Würde ein Virus aus dem Vatikan entlaufen, wäre es ein gesegnetes Virus. Da, wo Wasserwerfer mit geheiligtem Wasser gegen friedliche Demonstranten eingesetzt werden sollten; Höhere Wellen in schwerem Wasser (D_2O[33] versus H_2O).

Kann jeder Pfarrer alle Mercedes-Klassen segnen? Rolls Royce, Ferrari? Und wie hoch (würden) sind die Priester, welche ein Pfarrer heilig sprechen kann?

---

[33] D steht für Deuterium.

π *

Der Mensch kann sehr wohl mehrere Sachen auf einmal machen: im Bett liegen, Kaffe riechen, Tee trinken, Rum kosten, nach links schauen, nach rechts gucken, usw. Mehrere Sinne hat er., und das mal zwei...

Gegessen

Nirgendwo wird so viel gesoffen, wie überall.

Noch nie hat man so viel getrunken, wie schon immer.

Nicht zu viel Trinkgeld geben, gelt?- er muss noch fahren.

Der Mensch besteht zu 78% aus Wasser, folglich: schüttet er etwas Wein in sich, und wird Schorle.

Vegetarisch versus vegetierisch- Menschen können nicht Veganer sein, denn schon als Baby muss man sich mit Milch ernähren. Also haltet die AllesFresse.

Das PI mal Daumen mal 3,14 Gesetz: Pi-Pi im Bier ist unsichtbar[34].

Ureinwohner bringen sich nicht mit der Gabel und dem Bechern um, denn sie essen mit der Hand und tinken aus Flaschen.

---

[34] auch mit mehr als 2 Dezimalstellen.

π *
Essen- um zu überleben- um zu trinken- Theorie: Man ist was man assimiliert, aber man ist mehr was man trinkt[35].

Rumpelkammer im Bauch: Dummheit frisst, Intelligenz säuft[36], Genies gibt es nicht.

Eine Evaluierung darüber, wieviel man höchstens trinken sollte, besagt: sauft nicht mehr als 8 Leber pro Jahr und 1 einziges Hirn pro Augenblick[37].

Von wegen im Wein ist die Wahrheit. Eine Flasche Wein enthält Philosophie, zwei Flaschen Wein beinhalten Phantasie, drei Flaschen Wein enthalten Schlaf., schlaff.

Wer viel trinkt sagt mehr Wahrheit. Lehrer unterrichten doch nicht besoffen. Also, die Reziproke stimmt nicht immer.

Wissenswertes zum Verbraucherschutz:
Motten fressen auch Kochbücher.
Irgendwann mal in der nahen Zukunft, werden auch Wildtiere Konserven fressen (müssen).

---

[35] Wenn der Mensch zu mehr als 75% aus Wasser besteht, dann müssten Viren und Bakterien schwimmen können.

[36] Betrunken und besoffen. In einem Wort: besunken.

[37] Ein blindes Huhn findet auch mal eine Flasche[37] Korn.

π *

Schritt für Sch[38]itt Beweisführung.

Hypothesen:

a. Schafe geben uns Wolle, Milch und Oliven.
b. Kühe geben Milch, Fleisch, Fladen und Methan.
c. Das Pferd gibt uns Rennen, PH und Äpfel.

Erleuchtung:

Menschen essen Lebewesen.

Lebewesen fressen Menschen.

Lebewesen fressen Lebewesen und inzwischen auch Kunststoff., aus Plastik[39].

Schlussfolgerung:

Der Mensch ist ein Tier, das mehr verbraucht als es verbraucht[40].

Angler mit Ausrüstung letzter Schrei sollten wissen welche Fische bereits verschwunden sind.

Wünschenswert: Man ist was man verbraucht.

Disput: Der Mensch ist der Grund des 6. Aussterbens.

Versus: Der Mensch ist der Grund des 6. Aussterbens, das der Mensch kennt (aber nicht ahnt).

---

[38] R

[39] Es gibt niemanden der nicht konsumiert, aber sehr viele die den Beginn der Abstinenz vertagen.

[40] Und mehr verbraucht als es verbrauchen kann.

π *
Macht nix., man macht ihn erneut aus Ton.

Reim: Liebe geht durch den Magen; Bauchredner haben das Sagen.

Liebe? Tja, die gibt es., meistens wenn dich der Andere liebt.

Das Theorem von Herrn Specht: klopft auf Holz, solange es noch Wälder gibt.

Heutzutage brauchen die Dinosaurier nicht von Meteoriten umgekegelt werden; sie könnten auch nur ins Gras beißen.

Gesetze und Salami werden so hergestellt, wie sie nicht hergestellt werden. Der Inhalt einer Worscht bleibt unerforscht.

Zum tünchen in der Soße gibt es Brot, Gabel und Schlips[41].

Es gibt genug Schmarotzer, um das Universum zu verbrauchen. Eine Theorie besagt, dass das Universum ein neuronales System ist. Aber was ist dann mit all dem Alkohol in der magellanischen Wolke, Sagittarius b2 und Nervenschäden?

---

[41] Fliegen, also nicht die in der Suppe, sondern das Fliegen wurde von der Evolution, und vom Menschen auch, mehrmals erfunden: Insekten, Vögel, Fledermäuse, Drachen, Helikopter, Donen, Raketen... Hoch soll er leben!

π *
Wer sich Silikon unter die Haut transplantieren[42] lässt, der muss mit piercing vorsichtig umgehen; man könnte platzen.

Schlange stehen, um etwas zu kaufen, sinkt die Qualität aber nicht die Garantiezeit von allem, was man vor hat zu kaufen., leider.

Infinityv
Pi mal 10, Pi mal 100, Pi*1000, und so weiter: auf dieser Weise (indem man erneut die Zahl Pi mit 10 multipliziert) wandert der Dezimalstrich der Zahl Pi (3,14159265… eine Unendlichkeit) von links nach rechts, wobei aus einer unendlichen Menge Ziffern zwei unendliche Mengen (von Ziffern) entstehen[43]. Etwas Zeit allerdings muss man mitbringen, denn Dezimalstellen… jede Menge., und noch mehr.

Georg Ferdinand Ludwig Philipp Cantors Lehre: Unendlichkeit erklären ist einfach, ergo, was(,) soll ich euch unendlich erklären?

Als die 8 umgefallen ist, hat ein Primzahlenforscher unendlich Komma nix entdeckt. ∞,0

Unterverzeichnis- Anti-Kants Dissertation:

---

[42] Hauttransplantation vom Arsch zur Backe: Arschgesichter.

[43] Einer der Mengen kennt man dann sogar den linken Rand; der ist gleich 3.

π *

Doch Herr Kant in einer unendlichen Menge kann man sogar mehrere unendlich begrenzte(!) Mengen kreieren[44].

Falls die Unendlichkeit dafür erfunden wurde, um deutsch zu lernen, dann wurde (zu spät) die uneingeschränkte, stetige Unendlichkeit erfunden, um englisch (laugh, thoughts, Edinborough, shekspir…) zu schreiben.

Die einzig wahre Unendlichkeit ist die Anzahl der zu machenden Annahmen.
Die größte Zahl ist die Anzahl der Fälschungen (Kopien).

Unmöglichkeiten kreieren die Unendlichkeit: wer denn sonst?
Das Schlimme vergeht nicht. Deswegen nimmt die Unendlichkeit kein Ende.

Das ist auch Proportionalität: Die Anzahl der Behinderten Chinas ist gleich der Einwohnerzahl Deutschlands.

Wie erkennt ein Programmierer eine Schleife (loop)? Tja, er erkennt sie nicht, setzt aber einen Schwellwert, ab dem Wiederholungen zu loops erklärt werden: if Anzahl Wiederholungen plus 1, dann ist Schluss mit lustig.

---

[44] Man bombardiere den Big Bang mit einem Urknall.

π *

Schade, dass es nichts, keine Prinzipien, zwischen dem starken und dem schwachen antropischen Prinzip gibt, aber den Philosophen wird schon noch was einfallen. Vielleicht Heisenbergs Prinzip, welches die Bestimmung der Unbestimmtheit bedeutet.

Zu allerletzt- schluss, basta, aus-, genau dann kommt einer mit einer neuen Idee: $n=n+1$.

So zum Beispiel wird von Zeit zu Zeit die gesamte Physik auf den Kopf gestellt; das letzte Mal geschah das, als das Unbestimmtheitsprinzip bestimmt wurde[45].

ETC(Etc(et α(et∞)))

Ø α ∞ ∞^2 ∞^3 ∞ hoch 5 ∞-hoch-8-ung[46]…

Als ein Physiker eine Gleichung zweiten Grades löste, merkte er, dass Mathematiker zwei Lösungen dafür anbieten; manchmal positiv und manchmal negativ. Daraus folgerten sie Materie mit Plus und mit Minus- Materie versus Antimaterie.

Wären die Gleichungen 4. Grades, hätte man pozitive und negative reele und komplexe Lösungen, positive und negative Materie und Antimaterie.

---

[45] Hyper-Determinismus.

[46] Dumm aber viele, Viele aber dumm, versus viele viele Dumme: so wird Georg Cantor auf die Idee des Zählens einer Unendlichkeit gekommen sein. Und nach dem er die Mengenlehre aufgestellt hat, kam ein Ideen-Idiot (B. Russell) mit einer absurden Überlegung. Und bestätigte die Regel: viele, viele und noch einer.

π *
Über Gleichungen 8. Grades, 16. Grades usw. kein Kommentar.

to be- Sein

Tobys Theorem: Sein oder nicht sein ist nicht die Frage; es sind gleich zwei.

Zwei Typen zählen ein Ei. 2 Kerle zählen eine Perle.
Nun, die Antwort auf <Sein, oder nicht sein?> ist: Ja[47]!
Oder:
Die Antwort auf <Sein, oder nicht sein?> ist: Nein[48]!

Sein oder nicht sein, versus Demenz um zu vergessen.

Sein oder nicht sein? Wer?, antworten die Ahnungslosen.

<Sein, oder nicht sein?>: Auf keinen Fall (antworten Negativisten).

Zu sterben bedeutet schließlich, zu sehen wie es nicht ist.

Ob die Aliens auch von Affen abstammen?, von außerirdischen Affen., und unentdeckt Samenspender auf Erden werden?

---

47 Für Optimisten.

48 Für Pessimisten.

π *

Bei soviel Blütenstaub in der Luft findet jede Pflanze einige Pollen, und die Allergiker sogar mehrere.

Nun, anders wachsen die Drogenpflanzen[49] derzeit in der Umgebung von Tschernobil.

Der Planet ist schön, schade, dass er bewohnt ist.

Wenn Aliens im Kornfeld, nicht nur regelmäßig geometrische Figuren hinterlassen, sondern auch pinkeln und düngen, dann muss der aus den Gegenden gebrannte Whiskey anders schmecken.

Wären in der Rakete mit Juri Gagarin zwei Computer an Bord gewesen, hätten sie bestimmt gemeldet: Houston wir haben ein Problem.

Houston[50] wir haben ein Problem[51]: ist es das Ende, oder der Anfang, was wir zu befürchten haben?

Das Universum expandiert: Kosmonauten sollten Flaschenpost ins All raus werfen. Mit der Botschaft: Gott hilf![52]

---

[49] Bei Haarausfall zerkleinert man die Haare und kifft sie…

[50] Husten- wir haben ein Problem- ist was anderes; hat eher mit Asthma zu tun.

[51] Bestehend aus 2 Problemen.

[52] … zumindest der Königin: God save the Queen.

π *

Heraklit soll gesagt haben: man kann nicht 2 Mal den selben Fluss überqueren.

Herr Aklit hätte sich kürzer fassen können: einen Fluß überqueren kann man nicht mal ein Mal derselbe[53].

Wenn Millionen Jahre altes Salz vom Verkäufer mit einem Verfallsdatum versehen wird- das ist kein Versehen-, dann kann man sich vorstellen, dass auch die Sterbeurkunden und auch die Apokalypse je ein Verfallsdatum erhalten können: von Zeit zu Zeit. Und von Hersteller zu Produzent.

Hier spielt die Musik: Die falsche Taste im richtigen Augenblick drücken und umgekehrt, nennt man Jazz.

Toter Tod

Ich bin außerirdisch- innerirdisch sind die Toten[54].

Die Menschen sind außerirdischer Abstammung, denn woher sollten die chemischen Elemente, aus denen sie bestehen, kommen? Nicht mal die Sonne besteht aus solch schwereren Elementen.

Wenn der Körper des Menschen im Stande wäre, alle chemischen Elemente in die welche er gerade bräuchte umzuwandeln, dann ließe es

---

[53] One cannot cross twice the same.

[54] Naja, nicht alle, aber die meisten., in Gräbern.

sich ungeniert leben. Fürze in Lebensmittel verwandeln, fressen und rülpsen und wieder umwandeln.

Alien Begegnung größer als dritter Art muss es auch geben, beispielsweise wenn man Crepes mit Aliens isst., und mit Schokolade[55].

Halb-Aliens auf Erden gezeugt sollten die Eigenschaften der Aliens voll erben.

Davor versus danach: Bevor er starb, sagte Vespasianus, ich fühle, wie ich Gottheit werde.
Der Staat bin ich nicht mehr, muss Ludwig 14 gesagt haben., nachdem er starb.

Es gibt Begriffe die man in tote Sprachen nicht übersetzen kann: wie sagt man zum Beispiel Trolleybus auf lateinisch, oder Radio auf aramäisch?

Diskriminierung: Frauen haben unter uns, Nekrophilen, nichts zu suchen. Es sei denn sie wären tot.
Ausländer raus! … Alle? Auch die verstorbenen aus den Gräbern?[56]

Marie Curie soll den Krebs besiegt haben, wobei sie selbst an Krebs starb, eben weil sie radioaktive Stoffe in der Tasche mit sich trug.

---

[55] Das ist kein Kanibalismus, oder?

[56] Die die nicht im Grab sind, sind schon draußen. Außerirdisch halt.

π *

Dass Neutrinos auch sogar Schrödingers Katze durchwandern, hat Frau Curie nicht erkannt, das haben andere später entdeckt.

No name Produkte: nicht alle Krankheiten sollten Namen haben, aber jede einzelne.

Kennt ein Arzt den Namen deiner Krankheit, klingt es schon mal nach Diät.

Nordkoreanische Diät: es gibt nur einen Dicken im ganzen Land. Alle bedienen ihn[57] und dürfen riechen.

Wenn man immer seltener aufwachen könnte…

Das „Wie erkennt man gute Ärzte" Erkenntnis:
Würde der Arzt `ein Glas Bier trinken` verordnen, könnte man auch 1 Flasche Cognac saufen.

Efektiver wäre es, Krankenhäuser direkt auf Friedhöfen zu bauen; dann könnten sich die Ärzte als Grabpfleger beweisen.

Verstorbene Ärzte machen krank, denn sie sind etwas unsterblicher als Patienten.

---

[57] Wer füttert die Botschafter in Nordkorea?

π *
Passwörter im Kopf speichern- man nimmt sonst nichts mit in`s Grab außer Pin-Codes.

Tut was für eure Gesundheit: lasst euch in die Forbes-Liste eintragen.

Auf dem Frauensymbol fehlt was. Auf dem Frauensymbol, unter`m Kreis, auf dem Kreuz, gehört ein gekreuzigter Mann., oder mehrere.

Blos-Nur Postulat: Bloß den Tod gibt es für alle., Minus Einen[58].

Gäbe es uns nicht, würde Jesus alt aussehen.

Nicht mal Jesus ist zwei mal gestorben. Scheinbar möchte der Tod keine Wiederholung(en).

Beweisen alle, etwas geht ganz und gar nicht; einer schafft es trotzdem: Deswegen wird man die Prokreation erfunden haben. Jeden Tag steht ein neuer Nachwuchs auf. Zeugung halt.
Falls du heute Geburtstag hast: alles Gute. Falls nicht: alles Gute.

---

[58] Er heißt Jesus. Die Auferstehungswahrscheinlichkeit wird mit der wachsenden Bevölkerungsanzahl, bezogen auf lediglich einen Jesus, stets kleiner im Wert, es sei denn, Er kommt wieder: aber dann müssen die Menschen Ihn erneut umbringen (d. h. Man wiederholt die Kreuzigung), damit Er noch mal von den Toten aufersteht und den Wert der Auferstehungswahrscheinlichkeit vergrößert (verbessert)- dann verdoppelt sich nämlich die Wahrscheinlichkeit. Sie wird: 2 durch die Anzahl aller Menschen.

π *

Es gibt in Labors Krebszellen von bereits vor einigen Jahren verstorbenen Patienten. Diese Zellen vermehren sich heute noch. Merkwürdig, dass genau diese unsterblicheren Krebszellen den vorzeitigeren Tod des Organismus`, mit dem sie selber zusammen sterben, verursachen.
Naja, manche leben halt auch nach dem Tod[59].

Was nun: Vorsicht Lebensgefahr, oder Vorsicht Todesgefahr?
Statt sich geschlechtlich[60] zu vermehren, teilen sich Einzeller in zwei, daher sind sie unsterblich. Oder zumindest halb-unsterblich.

30 Tausend Milliarden Zellen soll ein Mensch haben. Wenn das Leben vor 2-3 Milliarden Jahren entstanden ist, dann müssen sich mehr als 10.000 Zellen pro Jahr zusammengetan haben, um Mehrzeller zu bilden; das abgesehen von Naturkatastrophen, und abgesehen davon, dass Wale und Elefanten wesentlich mehr wiegen als Menschen. Mehr als 100 Zellen pro Tag im Schnitt (bei Walen sogar bis 3 Zellen pro Sekunde), ist eine ziemlich rapide Fusion. Da sieht die Menschenliebe blass aus., und die Nächstenliebe… der Nächste bitte.

Es gibt viele Varianten von Tod:

---

[59] Nobody believes in his own death- who the hell is Owndeath?

[60] Säxisch sexistisch…

π *
ruhende Masse, Verschwundene Masse, in Energie umgewandelte Masse, verschwundene Energie, Null Grad Kelvin, Vakuum… und Nichts., das Nichts.
Auf dem Saturn regnet es Diamanten. Daher ist der Saturn ein superreicher Körper im Sonnensystem.
Die Sonne, ein armer Schlucker, hat nicht mal Kohle, geschweige denn Gold und Platin.

Bringt die Banknoten zur Massage, womöglich entstehen so Zinsen.

Die Behauptung „auf einem toten Planeten kann man kein Geld verdienen“ stimmt bei weitem nicht. Auf einem toten Planeten wird alles extrem teuer. Macht mal Terraforming, bringt mal Wasser zum Mars., und Champagner und Eis vom Pluto.
Apotheke auf dem Mars; welche Medikamente sind relevant? Ein erster Hinweis: Durst ist schlimmer als Heimweh[61].
Ärzte sind des Herrgotts Menschenficker. Gott lässt genesen, der Arzt kastriert die Spesen.
Gottes Wege sind untergrünlich. Gott hält die Bäume auf, bevor sie in den Himmel wichsen.

---

61 Durst ist schlimmer als Heimweh, das ist der geklärteste Fall, denn Durst hat man doch überall. Sagen gleich zwei du sollst heimgehen, denn du bist blau (wie ein Veilchen im Mai), dann must noch längst nicht nach Hause gehen, denn die Zwei sind vielleicht gar nicht zwei.

π *

Kausal ohne Grund Prinzip: Warum bin ich ich selber? Einfach: um nicht mitzubekommen wenn ich sterbe[62].

Bereits im gleich nächsten Augenblick ist man nicht mehr genau der Selbe-Metabolismus, Mutationen…

Warum gibt es keine Antwort auf weshalb das Alles?

Physisch

Nicht die von Einstein vorgegebene Richtung sollte man gehen, denn der Weg schrumpft laut Relativitätstheorie.

Andererseits, Einsteins Zeit, die kann man nehmen, denn angeblich dehnt sie sich aus., bis sie stehen bleibt.

Es gibt keine einzige Lösung die Einstein selber zu seinen Gleichungen gegeben hat- warum wohl?

Nun, falls Sir Eddington der Erste war, der die Relativitätstheorie verstanden haben soll, wer soll dann der Zweite (gewesen) sein, der sie verstand?, weil... Einstein selbst hat sie (bestimmt) nicht verstanden.

Einstein hat ehrlich zugegeben, er verstehe die dazugehörige Mathematik nicht, was man als Witz angenommen hat.

---

[62] Ist man bereits tot, kann man nicht mehr sterben; lebt man, so ist man nicht tot., noch nicht.

π *

Was der Albert zum Einstein nicht gesagt hat: Dort wo Photonen die Lichtgeschwindigkeit nicht erreichen können (beispielsweise in nicht leeren Räumen), dort ist das Licht langsamer als es selbst.

Michels Sohn- Moreley Experiment[63]:
Die Lichtgeschwindigkeit im Leerraum zu messen ist ein()Fach[64]. Man nimmt ein Vakuum, gibt Licht rein, und... Mist: der Leerraum ist kein Vakuum mehr., Er ist voll(!) beleuchtet.

Moreleys Sohn- Michels Schluss: Das Seltenste im All ist das Nichts[65].

Lord Kelvin soll gesagt haben: man wird nicht über den Atlantik fliegen können. Nun, dann fliege man ins All, sage ich, verweile dort bis eine Erdumdrehung um die eigene Axe passiert, und dann ist man über den Atlantik geflogen., und über den Pazifik auch.
Jetzt (...) vor ein paar Jahren war sich Kelvin sicher, dass es in Kürze einen krönenden Abschluss der Physik geben wird.
Später nach ein paar Jahren war Feynman sicher, dass keine Sau die Quantenmechanik versteht., und fragte sich kurz vor seinem Tod: was soll das alles?

---

[63] Michelson-Moreley (MMX).

[64] Einfach Unsinn.

[65] Bürgermeister Lotto von Guerickes Vakuum-Lehre: es ist verdammt schwer die Leere dem Vakuum zu entziehen.

π *

Ohmsches Drei-Zweifel Postulat: Wird eine elektrische Spannung angelegt, so verändert sich die Stromstärke- sappralot, wer zum Teufel hat die umgekehrte Proportionalität eingeführt?- proportional zur Spannung.

Elektrisch geladene Stromkabel sehen aus wie alle anderen Drähte auch- das wusste bereits Volta[66]. Benjamin Franklin[67] hat es sogar handgreiflich erfahren.

Namen (ver)geben schwangere Frauen ihrem noch ungeborenen Nachwuchs auch, doch, unterschiedlich zu den Physikern, kriegen die künftigen Mütter dafür keinen (Nobel)preis.
Ansichten: Der Optimist sieht den volleren Teil des Sarges. Der Pessimist sieht den leereren Teil der Urne[68].

Was Astrophysiker noch nicht kennen, bezeichnen sie als dunkel, oder schwarz: schwarze Materie, dunkle Energie[69], schwarze Löcher…

---

[66] Voltaren ist was Anderes.

[67] BenjaMinus Franklin: Elektronen sind negativ geladen.

[68] Fallen Bestattungsurnen von Himmel, so brennt die Asche ein zweites Mal., oder?

[69] Die Quantität der dunklen Energie wurde vorerst falsch eingeschätzt; neuerlich beträgt sie 10 hoch 123. Joule, Watt-Sekunden… Einheit(?) muss man noch fest-legen.

π *

Quantentheorie, wie Relativitätstheorie sollen beide schlüssig sein- weswegen suchen dann Physiker noch nach Lösungen? Und finden auch welche. Immer wieder[70].

Die Gesetze der Physik basieren auf Naturkonstanten. Konstant sein, ist merkwürdig. Müsste immer alles gleich bleiben, wie die verlorene Zeit im Bahnfahrplan., in etwa.

Als es keine Masse im Kosmos gab, galt: statt $E=mc^2$ nur $E=$
statt Dichte ist Masse pro Volumen, bloß Dichte ist, $_\varrho=$
statt $F=m*a$ lediglich $F=$
und auch lediglich Gravitation ist gleich. $G=$[71]

Das Loser Postulat der Quantenmechanik: Photonen sind die Versager unter den Bosonen- sie kriegen beim Durchqueren vom Higgsfeld keine Masse.

Photonen haben keine Masse. Es gibt sie, also, vor und hinter dem Higgsfeld, diese fehlgebürtige Higgs-Bosonen, die durch das Higgsfeld wandern, wie Diarrhö durch den Killerwal.

---

70 Ohm hat Widerstand geleistet, sagt man.

71 Alles ohne Masse… ist gleich., Gültig.

π *

Das „Tonnen von Theorien versus ein Gramm Praktikum": Kausale Theorien gibt es keine- warum(,) weiß niemand. Modale gibt es schon: und wie!

Die ersten 3-4 Dezimalstellen wurden offenbar für`s Finanzamt kreiert.

Pauls Lemma: Nach jeder Ziffer einer Dezimalzahl kommt noch eine Ziffer, auch wenn sie gleich Null ist.

Korollar zu *die* Lemma von Paul: Dafür wurden jede Menge Dezimalstellen kreiert, damit die Physiker ihre Naturkonstanten gaaanz ~~un~~genau messen können.

Bei der Anzahl der bis derzeit entdeckten Naturkonstanten braucht man viel, viel Papier. Papier ist Patient (sorry, geduldig).

Falls Physiker noch 3-4 Konstanten entdecken, müssen, (um sie zu erklären), alle Wälder gerodet werden., und dann steigt man auf Variablen um.

Wer hat schon eine Konstante, wie die kosmologische Konstante[72] erlebt, für die man sich dreifach entscheiden kann, weil sie 3 verschiedene, bekannte Werte annehmen kann, nämlich +1, -1 oder Null?

[72] Hat Einstein (1t1) eingeführt, als man ihm klar gemacht hat, dass das Universum nicht statisch ist. Tja, dann nimmt man eine Konstante aus dem Bauch und man ändert seine Meinung: das Universum ist dynamisch.

π *

Groß` Bemerkung: Maß-Einheiten werden immer größer: MegaBit pro Woche, KM im Monat, Wunder pro Millennium, Lichtjahre im Dunkeln.

Nicks (Nix=nix) Axiom:

Alle sogenannten Naturkonstanten haben eine Obergrenze, sind eigentlich variabel in Zeit, und manche, wie zum Beispiel die Intelligenz, schrumpfen, es sei denn sie sind kleiner Null.

Es gibt Partikel die eine kurze Lebenszeit haben, und sie werden auch noch von Astrophysikern gejagt.

Sobald die Teilchen in Ruhe gelassen werden, stellt man fest, es gibt keinen Ruhestand.

Messen, Messen Messen, aber deuten könnt ihr?- mehrmals messen und oftmals [ein()mal mehr] deuten.

Es gibt Raum. Es gibt Leerraum. Es gibt Raum-Zeit. Es müsste Leer-Raum-Zeit geben, und was ist wohl nur Leerzeit?

Das All soll leer sein, sagen die Astrophysiker. Aber die Temperatur im Raum soll etwas, wenig, mehr als Null Grad Kelvin sein. Also, mit anderen Worten, ist das Nichts ein wenig warm.

Die Bewegung und die Reibung der Materie erzeugen Magnetismus und Elektrizität, deren Wellen sich in senkrecht aufeinander liegenden Ebenen bewegen.

π *
Bewegung ist Zeit. Magnetismus ist also Teil-Zeit. Und Elektrizität ist auch Teilzeit.
Die Zeit hat zwei Komponenten, davon ist nur (k)eine absolut, aber zusammen schon… Zweidimensional. Einleuchtend? Teils teils. Das ist Physik.

Obwohl eine Klepsydra zeigt wie das Heute ins Morgen reinfließt, ist Heute nicht das Gestern von morgen, denn die Zeit dehnt sich aus., und dann gibt es auch noch die Zeitmaschine., worin morgen das Gestern von heute ist.

Armselig diejenigen die ihre Meister nicht übertreffen.

Kosmologie ist eine lebenslange Beschäftigung., dabei ist das Leben des Universums gemeint.
Nur Horoskop und Theory of everything wissen was sie tun., und stehen da wie die Physiker vor der Natur.
Unterschiedlich zum Menschen weiß KI, was sie weiß, aber schade dass sie nicht weiß, was sie tut., noch seltsamer als die Quantenphysik.
Drei Hühner mit H5N1 haben keine H15N3 Grippe[73]: das wäre Chemie, mathematisch gesehen.

[73] Fögelgrippe ist was anderes.

π *

Ma()thematik[74]

Um die eigenen Gedanken gut verstecken zu können, gibt es die Mathematik.

Mathematik erklärt die Physik. Die Physik erklärt Sachen.

Dumme Mathematiker implizieren keine falsche Mathematik, aber gescheite Mathematiker schon., falls man die Fehler rechtzeitig entdeckt. Falls.

Falls Kartenmaßstäbe keine Primzahlen, und zwar immer im Nenner, enthalten, dann aber enthalten sie Zahlen wie e, oder i, oder sie haben Krümmungen, das heißt, unterm Strich[75] pi.

Es wird schon viel Wasserstoff im Kosmos geben und noch mehr schwarze Materie und dunkle Energie, aber die Dummheit überwiegt.

Denken ohne Mathematik ist wie Arithmetik ohne Ziffern, Literatur ohne Buchstaben, oder furzen ohne Gas[76].

---

[74] Nun, falls manche Theorien nicht in Einklang mit Mathematik sind, dann nehme man eine andere Berechnungsmethode., pi mal Großzeh`…

[75] Unterm Bruchstrich

[76] Aber mit Geruch.

π *

Werbung: verkaufe Winde (im richtigen Augenblick) an Skispringer, falls sie selbst keine haben.

Was ist wichtiger Mathematik oder Sprache? Nun, Sprache allein: was will man sagen? Mathematik ohne Sprache: was will man sagen?
Jeder kann mehr Mathematik, als er selbst zu wissen glaubt. Außer wenn man durch Null teilen muss.
Das Einmaleins ist ein Gedicht mit weit mehr als 25 Strophen- wer kann schon so ein langes Gedicht auswendig? Nicht einmal Goethe.

Mathematik ist sowas von perfekt, dass die Natur sie nicht angleichen kann…
… aber sie gibt sich Mühe. Die Natur.
Und Mathematiker machen weiter.

Nur Blos Korollar: Nichts ist gleich nichts, sondern weniger.

Das Einmaleins[77] ist 1. Fertig.
Unvergleichbar einfacher als das Einmaleins scheint das geteilt durch Null` zu sein.

Betrachtet man die Dinge mathematisch so ändern sie sich als wenn man sie physikalisch betrachtet. Beständigkeit, Konstanz, Un-Änderung gibt es

---

[77] Das EinsgeteiltdurchNull Gesetz ist wesentlich schwerer, denn, falls 1:0 = geht nicht, dann stimmt die Probe „geht nicht mal Null = 1“ ganz und gar nicht.

π *

nicht. Ignoriert man schwarze Löcher, könnte der Raum homogen sein. $E=mc^2$ für schwarze Materie und dunkle Energie.

Symmetrien[78] gibt`s vielleicht nur da wo keine Masse vorhanden ist; die Gelehrten suchen dennoch überall nach Symmetrien.

Symmetrie? Die eine Hälfte kann man vergessen, da sie nichts als noch mal das Gleiche wäre. Es sei denn während dem Rasieren bebt die Erde und man eilt in Unterhose raus, dann bleibt die Rasur alles andere als symmetrisch.

Halb so schlimm: Die Gesetze der Physik bauen trotzdem auf Symmetrie.

Zeigt mir von Menschen gefertigte Sachen, für deren Fertigung man keine Mathematik braucht.

Grundsätze der Geometrie:

Der Punkt ist ein Ding, das kleiner als möglich ist[79].

Der Länge nach betrachtet, könnte der Punkt etwas dicker sein.

Die Gerade ist länger als dünner.

Die Ebene (eben) noch dünner. Weit und breit.

---

[78] Die Rede ist von perfekter Symmetrie.

[79] Und kleiner als selbst.

π *

Philosophismus

Alles lässt sich reduzieren auf:

was man im Kopf hat (Salomon),

auf was man im Herzen hat (Jesus),

auf was man im Magen hat (Marx),

auf was man zwischen den Beinen hat (Freud).

Heutzutage ist alles relativ (Einstein)., relativ zu nichts (sage ich). Mit anderen Worten: relativ zum kosmischen Vakuum.

Sitzt ein Herr, Schopenhauer, auf einer Bank in einem Park in oberflächlichen Gedanken vertieft. Streift ein Polizist in noch oberflächlicheren Gedanken als der Philosoph nicht vertieft vorbei, und will den Denker ausweisen. Er fragt ihn streng: wer sind sie? Herr Schopenhauer fasst sich am Kopf mit beiden Händen, schüttelt langsam seine Gedanken- links, rechts- und antwortet: wenn ich das wüsste!?[80] Vergleiche relativ zu sich selber kann man natürlich machen, doch wie kann ich erfahren, wie ich sein könnte, sofern ich im nächsten Augenblick nicht mehr ich bin. Nicht mehr der, der ich selbst war? Wer weiß, wer er ist, der ist Wer. Aber der, der sicher auftritt und spricht: weißt du eigentlich, wer Ich bin!? Da kommt`s drauf an: sagt er, oder fragt er? Womöglich weiß er auch nicht, wer er ist?

[80] Manche lassen sich einfach nicht ins Who-Is-Who Lexikon eintragen.

π *

Wer sagt, es ist schwer auch nur fünf weltbekannte Philosophinnen zu nennen? Ist einfacher als man denkt: zwei Schwiegermütter und drei Schwiegertöchter- von wegen Indira Ghandi, Mutter Teresa (… May) usw.

Richtige Wahrheit sollte in nur zwei Sätzen zu erfassen sein- wieso schreibt man dann Romane?

Sag die Wahrheit., wenn du sprichst. Die Lüge über eine Lüge ist nicht die Wahrheit.

Gegensatz zu Freud-Jung Erkenntnis: Das Leben bedeutet, jung leben und alt überleben. Dieses scheiß eine Leben., er()leben.

Freud: der erste Mensch der fluchte, statt mit dem Stein zu werfen, war der Erfinder der Zivilisation. Also jetzt weiß ich`s: das Volk mit den meisten Schimpfwörtern müsste auch das zivilisierteste sein, sappralott.

Der Sinn des Lebens ist…, es sind mehrere.

Korollar: Der Sinn des Lebens ist, ihn zu finden.

Betrand Russell irrte: Menge aller eigenen Teilmengen existiert nicht, denn dann müsste das Universum statisch sein.
Der Tod rettet vor Konservatorismus, Mister Russell[81].

---

[81] Rüssell ist was Anderes.

π *

Es heißt Zoo Berlin. Ehrlich? Ist Berlin ein Zoo?

Buridans Esel, Schrödingers Katze, Achilles` Schidkröte, Aristoteles` politische(s) Tier… Abgesehen von Äsops Fabeln, ziemlich viele Tiere in der Philosophie (… der Menschheit).

Alles baut auf etwas auf. Seine Theorie hat Einstein auf Newtons Theorie gebaut, welcher Kepler interpretiert hat, der wiederum Galilei neu interpretiert hat…
Galilei hat die Erkenntnisse des Altertums neu interpretiert… Letztendlich: Alles (nur) Interpreten.

Der Sinn des Lebens ist eine mit dem Altern fallende Funktion.
Der Sinn des Todes ist eine mit dem Altern eine fallende Funktion.

Sich selber kreierende Systeme müssen existiert haben, sogar schon bevor es sie gab. Es sei denn, sie entstanden aus dem Nichts., welches es bereits davor schon gab. Apriori. Also, bevor das Nichts existierte.

Henne Ei Vorrang: wartet das Ende der Welt ab, und umkehrt den Filmablauf., dann wird man schon sehen, ob es am Ende noch Bio-Hühner und/ oder Bio-Eier davor/ danach gab[82].

---

[82] Und ob die Henne bereits schon vor dem Ei des Krokodils da war.

π *
Der Klon erlag dem altersbedingten Tod seiner Mutter. Das Problem ist: welche Verbrecher dürfen geklont werden, und welche nicht?
… und welche Politiker?

Mit dem erfolgreichen Klonen von Wesen ist das Zwillingsparadoxon der Relativitätstheorie gelöst[83]: man nehme ein Individuum und sein Klon. Der Klon muss nicht mehr mit photonisch angetriebenen Raketen und relativistischen Geschwindigkeiten durch den Kosmos fliegen, damit er im Vergleich zum Zwillingswesen mit der Zeit jünger wird, eben weil er von Anfang an jünger ist, und zwar um genau soviel Zeit wie lange derjenige dem das Klonen gelungen ist, bestimmt hat.
Und, falls es der Klonende möchte, kann er so viele Zwillinge nehmen, gleich der Anzahl der Zellen die gerade (dazu) Lust haben, geklont zu werden.
Wissenschaft schreitet voran, egal in welche Richtung; sie ersetzt Rätsel durch schwindelerregendere Rätsel., und Theologien ersetzen die Rätsel durch größere Rätsel[84]. Tun so als: wer weiß, ist auch klug. Wissen welches nicht wächst, nimmt ab. Wissenschaft ist nie ein Perpetuum mobile, aber immer nah dran.

---

[83] Paradoxal: der Eine Zwilling fliegt schneller und wird (in Flugrichtung) dünn wie ein Blatt Papier.

[84]Allah < HerrGott (“<” steht für später als).

π *

Religion

So manche Auren bräuchten Blitzableiter.

Das gelöste kann-man-was-man-nicht-kann Dilemma: Kann Gott[85] einen so großen Stein bauen, dass Er ihn nicht heben kann? Kann Er: gesamte Materie, alles in einem Stein zusammenpferchen. Aber dann: in Bezug auf was heben?[86]

Lediglich die, die über übernatürliche Wege kommen, können die Welt retten. So scheint es.

Zumindest die Mischlinge, welche aus Kreuzungen zwischen Göttern und Erdlingen entstehen, sollten unsterblich bleiben.

Aber welches Erbgut ein Mensch-Alien Bastard weiter gäbe, ist nicht erforscht.

Kommemorative Schilder: "Hier hat Casanova gezeugt",

Oder "Hier hat sich Dschingis Khan fortgepflanzt"., da bräuchte man aber sehr viele Schilder, gelt?

Das 21. Jahrhundert wird religiös, oder gar nicht sein[87]- aber von welcher Religion genau die Rede ist, hat Malraux nicht gesagt.

---

85 Der Herrgott wird doch nicht nach Aristoteles` Gesetzen handeln.

86 Die Frage bleibt ohne Antwort, da sich alle zusammen gepfercht in einem Stein befinden (der Fragende auch).

87 Man springt direkt in`s nächste Jahrhundert, was soll`s?

Genossen[88] Lenin: Religion ist nicht Opium für das Volk, sondern... die Religion, allein, ist für das Volk. Opium ist für denjenigen, der sich das leisten kann.
Sag mir wer dich lobt, und ich sag dir welche Fehler du hast, pflegte Lenin niemanden zu loben. Alle haben alle Fehler. Aber: Lobet den Herren…

Die Letzten werden die Ersten sein: deswegen wurde die Beschleunigung erfunden[89].
Diese Erkenntis würde was bringen, wenn es nach der Apokalypse gleich weiter ginge.

In guten alten Zeiten fand sich je ein Messias alle tausend Jahre ein. Heutzutage erscheinen drei (Besserwisser) zugleich.

Neueres Testament: Gott segne andere Götter, denn sie überlassen anderen das Schweinefleisch[90]. Und, wenn schon, dann landen sie mit ihren Raketen auf dem Halbmond (die (un)sichtbare Seite)[91].
In manchen Religionen hat das Schwein Schwein gehabt. Wildschweine wahrscheinlich auch.

---

[88] Genossen genießen.

[89] Die Ersten werden die Letzten sein, dafür wird die Entschleunigung zur Bremse gemacht.

[90] Und den Alkohol.

[91] Ob es Halbmondkalender auch gibt?, ist eine Frage der Zeit.

π *

Jeder denkt an sich, nur ich denk`an… und für sich[92].

Vater unser welch` schwere Aufgabe Du hast: Du könntest allen verzeihen, ob Nazis, Kommunisten[93]… Allen.
Herr Pfarrer welch` leichte Aufgabe Sie haben: allen verzeihen und dabei kassieren.

Physiker tun Theologie wiederentdecken:
Big Bang (Urknall) ist nichts anderes als Fiat Lux.

Schwarze Löcher sind die Hölle.
Hinter`m Higgsfeld da sind die virtuellen Teilchen, mit andere Worten: die Seelen[94].

Theorien beginnen mit Axiomen als Hypothese. Theologie beginnt mit der Voraussetzung: es gibt (einen) Gott.
Ohne Annahme(n) gibt es keine Wissenschaft., und auch keine Theologie; das wusste auch Nietzsche schon.

---

92 Und du denkst an dich.

93 Nee, Adolf, Stalin and co. Keine Hölle, kein Paradies, ihr kommt nirgendwo rein.

94 Da Photonen keine Masse haben, muss es dort, hinter dem Higgs-Feld, auch beleuchtet sein. Ohne Lampen, ohne Strom.

π *

Man muss von wahren Axiomen ausgehen, aber welche sind denn wahr? Trotzalledem muss man aufpassen, dass die Schlüsse und die Hypothesen nicht einander widersprechen.

Gleichungen drücken Gottes Gedanken aus; aber Differentialgleichungen gibt es auch[95].

Isotrop, anisotrop, jeder Punkt im All befindet sich in einer Mitte: So gesehen liegen Kopernikus wie Torquemada beide falsch, oder beide richtig[96].

Ich werde auch von dieser Welt gehen, um zu schauen:

falls es das Jenseits gibt, ist es nicht für alle.

Falls es das Jenseits nicht gibt, ist es nicht. Für alle.

Wir treffen uns alle wieder am Big Crunch[97]- Atom für Atom- es wird zwar ein Bisschen eng werden: aber eng beieinander.

Für die Reinkarnation zu einem korpolenten Dicken benötigt man etwas mehr Fett.

Reinkarnation in eine Pflanze? Warum nicht? Wenn schon, dann aber in eine fleischfressende. Denn Essen sieht manchmal gut aus, auch wenn es nur gut aussieht.

---

[95] Und Integralgleichungen. Und Un-Gleichungen aller Art. Mathematiker sind eben fleißig.

[96] Herr Torturtorquemada, Herr Kopernikus: die Erde ist in einer Mitte.

[97] Am Big Bang waren wir schon mal sehr, sehr eng beieinander- erinnert sich jemand dran?

π *

Wer weiß zu was Reinkarnation gut ist?: ein drittes Mal stirbt man ruhiger, denn man hat sich an das Sterben besser gewöhnt.

Der Name zählt; aber ein Reinkarnationsname zählt unendlich mal mehr, denn falls man sich nicht unendlich mal einfleischt- zählbares Unendlich mindestens-, wäre das auch nix. Dafür stehe ich mit meinem Wiedergeburtsnamen., immer wieder.

Wenn schon Reinkarnation, dann in sich selber. Immer wieder.

Glücklich sein müsste durch N+1 teilbar sein.

Sprach der Pfarrer[98]: so möge Gott ihn nun Das sehen lassen, woran er geglaubt hat.
Nun wird es klar, wie der Mensch (also der Verstorbene) auf die Idee des Nichts kam: er war Physiker.
Wie, also, ein Mensch das Nichts sehen, die Leere entdecken und das Vakuum erleben konnte: indem er Atheist war., und Physiker nebenbei.
Er sah (halt genau) das, woran er geglaubt hat.

Ob gegensätzliche Gebete aufeinander()treffen?

Die Evolution der Dummheit (die) ist sicher(er) gestellt.

---

98 Auf der Beerdigung… bevor er „Amen“ sagte.

π *

Es ist ziemlich nutzlos Roboter duch Priester segnen zu lassen, wenn sowieso Teile ausgetauscht werden müssen[99].

Beim Menschen ist es nicht wesentlich anders: Chirurgen operieren halt.

Schutzengel sind wohl Maschinen, welche die Menschen überwachen.

Ist Eva aus Adams Rippe entwickelt worden, dann ist zumindest Adam ein Zwitter.

Wären Eva und Adam gleichgeschlechtlich[100] orientiert gewesen, hätte man die Bibel nicht mehr geschrieben.

Wäre ein verheirateter Homosexueller zum US-Präsidenten gekürt, so hätten die Amis eineN ersteN first Lady.

future- eternity- time machine[101]

Päpste und Kardinäle und Geistliche kommunizieren nicht wie Indianer durch einfache Rauchzeichen, sondern mit Rauch in mehreren Farben. Und, jain, das ist nicht mehr binär: entweder ja, oder nein.

---

[99] Priester von Robotern segnen lassen, das geht.

[100] Die Ehen der Lesben oder der Homosexuellen dauern sicherlich länger als andere Ehen, weil es in solchen Ehen einen Rollenwechsel geben kann.

[101] Mengenlehre (Potenzmenge einer Menge): Bis sie Das verstehen., deswegen wurde die Ewigkeit erfunden.

π *

Falls, wie Hawking behauptete, Zeitreisen nur in die Zukunft möglich sind, dann sollten Verbrecher dahin fliehen, denn eine Auslieferung zurück in die Vergangenheit ist nicht möglich[102].

Zwei Router kommunizieren bei weitem langsamer als der dümmste von ihnen.

Und wenn man in die Zukunft ausreißt, dann ist man dummer, als die dort wo man ankommt, es sei denn nach einigen Weltkriegen hat ihre Evolution wieder von einem Anfang an begonnen.

Zeitreise ist: wenn man eine Zeit lang auch ohne die Zeit existiert.

Zeitreisende sollten verhältnismäßig kleinere Renten erhalten.

Das Uninteressanteste passiert dann, wenn man es wahrnimmt (und umgekehrt).

Gegen-Satz von Paul: Nicht die Zukunft ist schwer vorauszusagen, sondern die Vergangenheit vorhersagen, eben weil der Philosoph Karl Popper[103] sie falsifizieren kann.

---

[102] Die Zukunft ist auch etwas für Straftäter.

[103] Und alle anderen nach ihm auch.

π *

Die Ewigkeit expandiert, eben damit ihr Anfang stets anderswo residiert., und so gut wie überall (kaum) zu finden ist.

Avantgardisten-Korollar (einst=1t): Die Zukunft kann man noch nicht fälschen.

Das Anti-Avantgardisten Korollar (dreist=3st): Zukunft ist stets zu weit, oder zu lang: n=n+1

Es wahrsagten zwei Wahrsager (ein Physiker und ein Kosmologe) einem dem anderen die Zukunft voraus.

Astrologen welche die Hollywood-Sterne deuten gibt es jede Menge (s. Walk of shame[104], sorry: of fame).

De Morgens Satz (besser bekannt als de übermorgens Satz): Planen ist über morgen. Zeitplan enthält über()morgen.
Was du heute kannst besorgen, das verschiebe auf gestern früh.
Der frühe Vogel fängt Wurmlöcher.
Morgenstund hat Goldzähne im Mund.
Früh übt sich, was Europa Meister werden will. Frühe Zucht bringt gute Frucht.
Dem Hahn, der zu früh kräht, dreht man das Wasser ab.
Wer früh aufsteht, in ganz England ist Nebel.

[104] Ein Walk of shame wäre übrigens zu lang: zig Mal länger als der Äquator.

π *

Nun, ich bin grad` aufgestanden und jetzt ruhe ich mich aus.

Zitat: Noch nie hatten wir so viel Zukunft.
Noch nie hatten wir so viel Vergangenheit. Zitat-Ende.

Die Zeitmaschine müsste ein Vehikel sein, worin es Freitag ist, währenddem es draußen Montag wäre[105].

Wenn Zeit Geld ist, dann ist die Zeitmaschine eine Geldmaschine. Reisen in Zeit und schwimmen in Banknoten; eine Zeitmaschine müsste kein UFO mehr sein, sondern ein IFO[106].

Womit fährt (oder fliegt) nun eine Zeitmaschine?, wäre gut zu wissen, damit man den Tank nicht leer fährt., und irgendwo, sorry irgendwann dumm da steht.

Der Treibstoff der Zeitmaschine muss zeitunabhängig sein(!), sonst haben wir ein Problem mit der Physik: wenn etwas in Bewegung ist, dann muss man dessen Masse durch Wurzel(1-v^2/c^2) teilen.

---

105 Karfreitag, Rosenmontag,.. weiß man nicht genau. Vielleicht auch Aschermittwoch. Weiß man eben ungenau.

106 Indentified Flying Object.

π *

Mit anderen Worten: bräuchte man Sprit ohne Masse, entweder Photonen, oder aber etwas was das Higgs-Feld noch nicht durchquert hat, das heißt: virtuelle Teilchen.

Schwierig, schwierig… also schwer… aber ohne Masse.

Desweiteren nicht vergessen, die Zeitmaschine selber ist zeitabhängig, weil sie Masse hat. Daher muss sie schrumpfen, behaupten Relativisten. Und die Insassen auch (meine ich). Also, wer abnehmen will: ab in die Zeitmaschine. Wo einem die Kleider weit werden.

Man sollte Diebe in eine Zeitmaschine setzen mit einem zum Fenster raus ausgestreckten Arm[107]: die eine Hand altert anders. Bloß den einen Arm zum Zeitfenster raushängen lassen. Ein winkender Arm wird sich, evolutionsgemäß, in einen behaarten, mit Krallen statt Fingernägel versehenen Arm rückwärts umwandeln. So kann man Diebe markieren. Es sind eben diejenigen mit einer bahaarteren Gorillahand.

Nun landet die Zeitmaschine sanft und die Passagiere applaudieren; der eine Räuber merkt beim Händeklatschen verblüfft: ei, der Daus!, was ist mit meiner (einen) Hand los? ich besitze zwei verschiedene Arme!? Die Symmetrie ist weg. Naja, Zeitmaschine. Es zeitet unterschiedlich die eine Hand und könnte sogar zu einer Flosse wachsen- Evolution- Involution. Edel sei der Affe, hilfreich ungut, damit ein auf()richtigerer Darwin daraus wird., irgendwann.

Altruist sein ist gut, falls es keiner erfährt.

---

[107] Mit der Hand auf englisch winken.

π *

Es gibt 1000 Möglichkeiten Zeit zu verlieren, und wenn die Zeitmaschine erfunden sein wird, dann wird es 1001 geben.

Falls der Treibstoff der Zeitmaschine die Phantasie ist, dann stehen so manche irgendwann dumm da, wobei andere (nicht nur) eine Meise haben. Zeitreisen überspringen Zeit; tote Zeiten sind von der Zeitmaschine überfahrene Momente.

Nicki Laudas Lemma: Im Rennwagen kommt die Zukunft schneller.
James Dean korrigiert: besser als jung sterben wäre, gesund sterben.

Zurück in die Zeit zu (ver)reisen? Nichts einfacher: man macht Aufnahmen und spult den Film rückwärts. Somit beeinflusst man zwar nichts, als sein eigenes Gedächtnis, aber immer()hin.

Geisterfahrers Skalar-Vektor[108]-Produkt: sobald man den Weg erkannt hat, ändert sich die Richtung.

Mach 8 Geschwindigkeit: Mach 7 nach Mach 8, mach-make, Mc Donald, McCartney, make love not war.

Man kann zwar die Geschwindigkeit auch bloß in einem Punkt messen, aber dann kann man nicht sagen, ob das Ding beschleunigt, entschleunigt, pausiert, oder sich konstant bewegt: in Bezug auf was(?).

---

[108] Viktor ist ein anderer.

π *

Je dicker die Lüge, desto älter die Geschichte. Dagegen hilft nur Archäologie.

Mag schon sein, dass alles was mit dem Hirn passiert den Gesetzen der Physik und der Chemie unterliegt, aber es gibt zusätzlich auch Mathematik. KI muss intelligent genug sein, um lügen zu können; lügen muss man ganz genau: mit Einzelheiten. KI versus fuzzy., und zwischendurch den Kopf einschalten.

Wissen()schafft

Smarts Erkenntnis: Die Theorien werden auch immer schlauer.

Allein die Theorien sind nicht vom Aussterben bedroht.

Man sucht den G-Punkt und findet das ganze Alphabet[109].

Die Wissenschaft schreitet voran, Wissen avanciert, wo immer voran auch wäre.

Ein bisschen Snobismus schadet nicht, aber eben nur ein wenig.

Die Wahrheiten stehen einem im Wege, man muss sie umgehen.

---

[109] Das ungarische Alphabet soll 40 Buchstaben haben.

π *

Da wo die Wissenschaft keine klare Wahrheit mehr weiß, gibt es augenblicklich Befürworter und im Nu Gegner, die es besser wissen.
Und vor denen die auch noch Doppelnamen wie Dr. Dr. tragen, hat man im voraus verloren.

Je mehr Doktoren, desto weniger Respekt.
Pauls (kurz)Schluss: Vereinfacht man die Annahmen, verkompliziert sich der Schluss., aber bloß am Ende[110].

Es gibt ein Dort, wo man jede Menge Straßen nach ihrer Anzahl benennt, street one, street hundert and one, street sexty 9danke... In Europa gab es mehr Wissenschaftler; die Namen reichen aus, um allen Straßen einer großen Stadt einen Namen zu geben. In den USA sind die Städte aber größer. Tja, was ist zu machen(?), wenn sich die Gassen rascher vermehren, als die Künstler und die Wissenschaftler, welche nicht auswandern?

Ist gut, dass das was schlimm ist, als Gegenbeispiel genommen wird, aber es ist schlecht, dass Gelehrte und Wissenschaftler selten als Beispiel genommen werden. Die Reziproke stimmt je nach Interesse. Also Leute seid gute Beispiele für den Nachwuchs: nicht tut was ich getan habe. Ich bin Mathematiker.

---

110 Dreisatz, Zweisatz, 5-Satz, 7-Satz Zu()Satz. Man nehme einen Kreis mit dem Radius größer als sonst. Weniger ist mehr.

it *

Arts Arten

Künstler malen auch Stillleben. Alles ist Natur, bis auf Menschen: die werden (noch) Natur.

Es gibt welche die dadurch berühmt sind, dass sie bei ihren hoch kompetenten Kenntnissen nicht berühmt sind.

Der Herr erkennt rapide wie berühmt die Menschen sind; VIPs tragen Sonnenbrillen, damit ihre Augen nicht anfangen Photosynthese zu machen.

Berühmtheit dauert (s)eine Zeit, Zeit von der man eine Ewigkeit abziehen muss.

Die Quantität der Qualitätsgarantie ist eine Konstante namens minus Null.

Um in den römischen Senat zu kommen, musste man mindestens eine Kunst beherrschen- Caligulas Pferd konnte wahrscheinlich kotzen.

Kunst versus Universalschlüssel. Mode ist eine Kunst oder eher umgekehrt. Wissen ist auch Kunst, aber mit Formeln.

Künstler sind Versager, meist gescheiterte Mathematiker, welche berühmt werden, nachdem sie sterben.

Künstler tun öfter auferstehen.

π *
Professionelle Weinerinnnen wie in Nordkorea gibt es nicht mal in Hollywood. Angst kreiert Talente.
Den Meister erkennt man daran, dass er keinen Hammer verwendet und nicht laut flucht.

Gemälde enthalten chemische Elemente. Malerei ist nichts anderes als Kreation von optischen Illusionen.

Live-Musik im Restaurant: Herr Kapellmeister ihre vielversprechende Band sollte bitte das Lied "November rain" schweigen; dauert nämlich etwas länger.

So manche waren so high, dass sie nicht mal wissen, dass sie gestorben sind.

Die Relativität hat es bereits vor der Theorie in Form von Dichtung gegeben. Das Wahre kann die Kunst nicht darstellen. Wenn alle Experten sich einig sind, dann stimmt was nicht.

Lässt man in Europa die Geschichte weg, ist man gleich in Amerika. Musik ist eine Sprache in der man höchstens als Jazzman lügen kann.

Erste Poetry Slam Regel für Song Texte: Kann ohne mich nicht leben[111]- die Seele aber schon?

---

[111] I Kant live anymore without myself.

π *

Das Sag-die-Wahrheit-wenn-du-sprichst Geschehnis: Umwandeln die Menschen Elektrizität in Talk-Shows (also Politik), welche keine erneuerbaren Energien sind (aber stets erneuerbar fähig bleiben).

Seit dem es die Kunst der „plastic arts" gibt, ist die superelastische Wahrheit entstanden.
Faulheit denkt scharf.
Faulheit ist die Triebfeder des Fortschritts.
Faulheit lohnt mit Armut.
Es ist etwas faul im Staate Dänemark.

Erst das was keinen Erfolg hat, ist Kunst: spinnen bis man sich durchsetzt.
Wenn alle die erste Geige spielen wollen, dann entsteht eine Rock-Band.

Es gibt Stilrichtungen (laut Kunstgeschichte): Kubismus, Impressionismus, Expressionismus...
Depressionismus fehlt noch., ist aber im Kommen.

Sport()leer

Heutzutage ist der Garten Eden, Platz mit viel grün, Schiedsrichter und Ball. Fußball ist, wenn unsere Mannschaft gegen 11 anders bekleidete samt Schiedsrichter spielt.

π *

Im Fußball, im Sport allgemein, gibt es mehr unqualifizierte Kräfte[112], als solche die sich (weiter) qualifizieren., in`s Finale.

Wenn`s ihn im Arsch juckt, filmt der Kameramann- Großaufnahme live- den Sportler, der sich kratzt[113]., Nahaufnahme also wenn`s den Sportler im Arsch juckt; nicht den Kameramann.

Sportler Hymne

Wir machen wieder Urlaub beim FKK am Strand,
der Ozean ist vor uns, es ist im Po Sand.
Mit dem Verein zu feiern, das find ich ideal,
denn unser Team spielt weiterhin beim FKK Po kahl.
Die meisten von uns liegen, doch die Karin die liegt nicht,
auch wenn sie hinten nix trägt, sie trägt vor ein Gedicht.
Gelassen, kein Stricktanga, die Frauen wirken fetisch,
die Gabi und die Hedda sind beide sehr Po etisch.
Die Gudrun nimmt den Archiebald, sie tanzen ohne halt,
einen Tanz nach dem anderen, dreht sie den Arschi bald.
Wenn apriori übersetzt von vorne herein heißt,
dann weiß ich jetzt worauf das apro Po verweist[114].
Refrain:
Ob nun Urlaub auf Mallorca, oder aber Urlaub auf der Au,

---

112 Analog wie vor Spielbeginn sollten Kinder die Verlierer an der Hand vom Platz führen.

113 Und spuckt.

114 Ein Song-Text ist kein Gedicht.

π *
Unvergesslich sind die Tage der Urlaubszeit im Stau.
Ob Last-Minute nach Miami, ob Besuch beim Dalai Lama,
Unvergesslich bleibt der Urlaub in einem Geiseldrama.

Beim spielt-keine-Rolle-wieviel-Meter-Lauf sollte man den eigenen Rekord für jeden einzelnen Schritt schlagen.

Satelliten, die ausgedient haben, werden einfach ein paar Kilometer höher hinaus ins Weltall versetzt. Irgendwann wird man Kosmos-Slalom fliegen, als neu entdeckte Sportdisziplin.

Wer bestimmt den Schiri der Schiedsrichter? Dilemma.

Zeit()ich

In der Zwischenzeit- ja, sowas gibt es auch: Zeit zwischen Zeiten- in der Zwischenzeit also wurde festgestellt, dass, falls es zwischen()zeitlich gibt, dann ist die Zeit digital (diskret) und wächst womöglich wie ein Fraktal.

Würde die Zeit in alle Richtungen fließen, dann gäbe es vielleicht auch eine richtige.

π *

Vor dem Beginn der Zeit geschah alles auf einmal, dann, mit dem Zeitanfang, der Reihe nach[115], und am Zeitende wird sich alles stauen[116].

Pauls Zeit-Definition (zwischen Phoenix und Asche):

Zeit ist…, Zeit ist. Zeit ist nicht…

Zeit ist nicht unsterblich, aber auch nicht sterblich.

Zeit ist Bewegung. Bewegung die zum Tode führt.

Die Zeit vergeht öfter ~~mit oder~~ ohne uns.

Zeit besteht gleichmäßig aus schlecht geeigneten Momenten.

Evers Schlussfolgerung: trotzalledem gibt es 2 minutes to midnight und last minute., oder genau deswegen.

Schlechte Zeiten sind absolut- Opportunismus zeigt: es gibt immer etwas Besseres (Gott sei Dank).

Die Engländer sind großzügiger, wenn es um Zeit geht: statt nur „einen schönen Tag" wünschen sie einem „eine schöne Zeit".

---

[115] Es stürzte ein Flugzeug aus dem zweiten Weltkrieg direkt in den ersten Weltkrieg hinein.

[116] Im Stau ist Bewegung anders; es bewegen sich andere.

π *
Gegenbeispiel zu Einsteins (1T1) Spruch: Immer das selbe zu wiederholen und dabei andere Ergebnisse zu erwarten, ist nicht dumm, Herr Einstein; man macht doch immer das Gleiche, um Kinder und (noch) andere Kinder zu zeugen[117].

Zeitdilatation gibt es tatsächlich[118]. Wartet mal kurz.

Berechnet man die Summe der Wartezeiten, so ist sie größer als die Summe der Wartezeiten.

Lediglich Schlimmes hat Kopien. Und zwar mehrere.
Analog den Wellen, Gutes mit Gutem hebt sich auf, Schlechtes und Schlechtes verstärken sich.

Gerade-Ungerade Roulette[119] Erkenntnis: Macht man eine gerade Fehler-Anzahl, so verdoppeln sich die Irrtümer; macht man eine ungerade Anzahl davon, dann vermehren sie sich.

Die Zeit ist keine Kosmetikerin, aber Chirurgin.
Die Zeiten in denen zwei Wahrheiten widersprüchlich sind, gibt es schon seit ewig.

---

[117] Wenn man nicht weiss, wie man Kinder und Liebe macht, sollte man sich da lieber nicht einmischen.

[118] Geduldabhängige Funktion.

[119] Es läuft rund wie Keplers Ellipse.

π *

Man sollte Tagebuch führen, um Demenz zu umgehen.

Larry Farrys Thesen:

Arbeit adelt. Nobel geht die Welt zu Grunde., und Alfred mit Dynamit.
So()weit so()gut, Ich trage Helm, ich trage Hut, ich heiße Helmhut.
Body guards beschützen die Hüter.

Früher ging der Pfarrer mit Mönchskapuze Gras mähen., mit der Sense… Inzwischen gibt es Trimmer.

Nullsummenspiel Postulat: Fehlertoleranzen summieren sich auf, nie ab. Aufrunden hilft dabei.

Axiom der irreflexiven Relation: Identisch hat keine Seinesgleichen.

Ping-Pong Theorem: Jedes Irrtum in der Hypothese erscheint im Ergebnis mehrfach. Und umgekehrt.
Wobei mehrfach mal mehrfach macht mehr()Fach., hoch zwei.

π *
Anti-Chaos Theorie: Wird immer klarer wie sicher die Wissenschaft ist. Und dann kommen auch noch die Schauspieler obendrein[120]., die interpretieren.

Wissenschaft und auch Theologie beginnen mit Annahmen (das wusste schon ein Philosoph).
Was der Philosoph nicht wusste: Annahmen sind die Mutter des Chaos[121]. Und der Grundsatz ist der Vater allen Durcheinanders[122].

Der Schluss ändert die Annahme, welche das Ergebnis ändert, das den Schluss ändert, der... die ...das. he she Shit.

Man kann grundsätzlich nicht zweierlei simultan machen: Sport und Studium. Napoleon konnte angeblich mehrere Dinge gleichzeitig tun, deswegen war er kein guter Fußballspieler. Eckball ist auch rund…

Das Gesetz von FranzOseff: In Frankreich darf man sein Schwein nicht Napoleon taufen., aber vielleicht ist es erlaubt… umgekehrt.

Napoleon soll gesagt haben, dass Gott uns die Sprache gegeben hat, um Gedanken zu verstecken.

---

[120] Interpretation durch Kunst(darstellung) hat gerade noch gefehlt.

[121] Formel: A=M(c)

[122] Formel: G=V(D)

π *
Natürlich hat er das auf französisch gesagt., in welcher Sprache denn sonst?

Rassen und die Theorie:

Sie haben zwar noch keine schwarze Materie im All entdeckt, aber die muss es geben[123], sonst kann man vieles nicht erklären. Und dunkle Energie muss es auch geben., sonst kann man vieles nicht erklären.
Wenn man auch noch weiße Löcher entdeckt, dann muss es zweifellos Rassismus auch im Kosmos geben.

Ob sich Rassisten auch bräunen[124]?
… und wie bräunt man sich im All?

Aliens aus schwarzer Materie könnte man mit weißer Farbe tätovieren.

Beim Schach spielen heißt es, Weiß beginnt: wenn das nicht diskrimminierend ist.

Schwarz auf Weiss- Feststellung über Rassismus: Ich weiß, dass ich nicht weiss, ich schwarz.

---

123 Astrophyiker suchen danach.

124 Wegen Vitamin D Zufuhr.

π *
Sie wissen schon: Wissen, dass sie nicht wissen, ist auch Wissen.

Adam und Evas Kinder müssen Schwarze, Weiße, Gelbe, Rothäuter, mit einem Wort farbig gewesen sein- alle aus dem Paradies[125].

Die Genetik behauptet es gäbe bloß sieben verschiedene (Ur-Ur-… Urgroß)Mütter, die alle aus Afrika stammen. Fakt ist: jetzt kann man Eden gen()auer orten.

Unter den berühmtesten Asylanten ist der Papst der am wenigsten bekannte.

Die Engländer sind Asylbegehrende, die überall auf der Welt zu Hause sind.

Wäre man Obdachlos, mit anderen Worten überall zu Hause[126]; auch dann wäre man, höchstwahrscheinlich, noch mehr Ausländer.

Ich bin Terrianer, ergo von dieser Erde. Manche aber sind Engländer. Seit wievielen Generationen denn?, kann keiner genau sagen.
Andere sind keine Briten: aber seit wie vielen Generationen wohl?

---

[125] Eden im Südwesten Anatoliens (Sünd-Westen ist was anderes).

[126] Hostel Californication.

π *

Weiß, white, groß, great, schiss, shit, außer, outer… als ob die Einen sowie die Anderen das Gleiche sagen wollen, jedoch hätten sie Zähne verloren… Wahrscheinlich im Krieg, denn Eishockey spielt man nicht seit dem Mittelalter.

Wer zuletzt kommt wird Ausländer.

Ausländer ist jemand der später am Ort eingetroffen ist[127].
Tja, es sieht danach aus, dass in alten Zeiten manche doch pünktlicher waren.
Die die nicht pünktlich waren schreiben die Schuld ihren Vorfahren zu.

Menschen wandern aus nach bestimmten Gesetzen: nach da()hin wo die Gesetze liberaler, das heißt auf sie zugeschnitten sind.
Deutsche Einheit: zu samen sind wir stark. Versus Brexit[128]: keine Einmischung in fremde Angelegenheiten, drängeln, wie der Igel in die Boa-Schlange.

Das deutsche Witze Buch ist dünn, behaupten die Engländer. Well, das englische Witze-Buch ist dick, wahrscheinlich weil sie sich ihre Witze nicht merken können.

---

127 Wer zu spät kommt, den bestrahlt Das eben.

128 Engländer rein, Ausländer raus, rein-raus: statt Brexit sieht es eher nach Sexit aus.

Logo

Klingt logisch, aber nach welcher Logik denn? Binär, multivalent, fuzzy...

Aristoteles liegt falsch. Es muss zwei Logiken geben. Eine Logik für die Theorie und eine übergeordnete für den Theoretiker, denn die Theorie ist so `ne Sache, wobei der Theoreiker ein Jemand ist.

Es entscheidet doch der Schiedsrichter, ob der Ball rund ist, und nicht der Ball ob der Theoretiker aufgeblasen ist.

Zwei Monologe= ein Dialog; Biologe, Kataloge, Analog, usw-log. Analog ist auch digital, aber eben etwas vom Feinsten.

Mit Dinosaurier Eizelle eine Maus zu befruchten: wenn das keine langsame Explosion wird., Biologische Bombe halt.

Wenn man bedenkt, Cogito ergo sum., das heißt also, dass es keine Kosmologie geben kann.

Nagels Theorem: Das Theorem nagelt fest., wobei sich aber alles bewegt.

Lamm-Eating Prinzip: legt ein Meeting die Entwicklung lahm, gibt es freitags (Nachmittag) trotzdem Fort()Schritt.

π *
Hohn()eckers Schlussfolgerung: Das Problem mit dem Fortschritt ist... er schreitet fort. Und schreitet fort. Immer fort. (vorwärts immer, rückwärts nimmer.)

Fortschritt kommt schön verpackt mit dem Altern (zusammen). Unzertrennlich.
Fossilie sein, ist der älteste Beruf.

Negative Dienstalterboni müsste es auch geben: für Models, Prostituierte, Sportler., und Politiker.

Dick Tators Korollar: Theorien sterben, Theorien entstehen und schreiten fort: vom Grab in den Friedhof.

Je mehr die Denkfehler sind, desto schneller kommt man zu einem Schluss.

Da in den Ländern des Ostblocks während des sogenannten Kommunismus` Grund und Boden enteignet wurde, war der Schulunterricht nicht gratis (wie man glaubt), sondern eher umsonst. Hätte man Hab und Gut verkaufen dürfen, hätte das Geld gereicht, um an den renommiertesten Universitäten (im Westen) zu studieren.

Die drei Mal lernt Lenin Vorschrift: Wer lernt, will was werden. Wer nicht lernt, will was Anderes werden[129].

---

[129] Lernt nicht zu viel. Intellektuelle kommen schneller in den Gulag.

π *

Proletarier aller Länder: Enteignet nicht sooo-viel, dass ihr Angst vor Dieben bekommt.

Der Wert der Ware wird festgelegt, dem()entsprechend wieviel jemand bereit ist dafür zu zahlen; falls die Regierung, und die Mafia es erlaubt., und mit kassiert.

Man kann sehr wohl Vieles ins Grab mitnehmen: ungeschriebene Gedichte, nicht gesungene Songs, nicht ausgeübte Banküberfälle, bevorstehende Unfälle, unvollendete Theorien.

Das Stalin Integral dritter Art:

Diejenigen welche von einem stehlen, sind Diebe.

Die die von mehreren stehlen, sind Kapitalisten.

Und die, welche von allen stehlen[130], sind Kommunisten.

Die Natur kreiert Unikate- Kommunisten wollen alle gleich sein[131].

Gleich ist gleich: wozu Gleichungen lösen, liebe Genossen? Es gibt Ungleichungen, die muss man lösen.

---

[130] Die Neuverteilung des Volkseigentums einer kleineren Anzahl von Menschen.

[131] Lieber Tee, fraternitee. Punkt. Egalitee gibt es nicht mal als mathematische Beziehung.

π *

In manchen Gegenden gab es Zeiten, als sich die Herren Genossen nannten. Zeitreisen verschlucken Andenken und überspringen Erinnerungen.

Lenin soll gesagt haben, er wolle den Zaren nicht in 4 Dimensionen stürzen, sondern in 3. Vermutlich war damals die Zeit der Relativität reif, und sie ist als Dimension bis zum Stillstand geschrumpft.

Elektriks und Tipps: Es gibt 2 Typen von Menschen- die die Menschen in Unter-Typen einteilen, und die die Typen in Un-Menschen klassifizieren.

Über die Arbeitsteilung- Bundes-ein-Stall für Arbeit:

Es gibt Arbeitslose.

Es gibt Beschäftigte die über Arbeitslosigkeit sprechen; ergo von 50% arbeiten viel weniger(e).

Wer studiert erarbeitet sich das Recht nicht mehr zu arbeiten.

... Und vergesst nicht woher ihr kommt- die Kommunisten und die Nazis haben alles vernichtet, links und rechts- also eure Abstammung begann bei minus etlichem.

Macht nicht mehr soviel Arbeitsteilung, sonst bleibt immer weniger zu Tun übrig. Denn teilt man durch eine Zahl, so ist der Rest immer kleiner als der Teiler selbst.

Zum Beispiel: Stalins Frau hat sich erschossen. Somit blieb Stalin allein. Nun, teilt man etwas durch 1, bleibt der Rest immer Null. Und das ist für das Volk.

π *

Arbeitsteilung Vor- und Nachteile[132]: Es war einmal ein Polizist beim Maskenball. Maskiert. Als Polizist[133].

Desto fachmännischer, je weiter her der Fachmann kommt; Aliens wohnen am... weit, weit weg.

Nur praktisch gibt es unerwartete Ergebnisse, theoretisch nicht.

Das Schlimme passiert nicht früher oder später, sondern früher.

Die schlimmsten Fehler sind die, die man erklären kann, Ausnahme machen alle anderen Fehler.
Die Fehler findet man genau dann, wenn man am besten lacht: zuletzt.

Denken hat mit Glück wenig zu tun., es ist das größte Glück, wenn man richtig denken kann.

Glück gluckert

Ein Greis, alter Schwede, soll ein Junger sein, der Glück hatte, also das Glück zu überleben hatte, um heutzutage in Pampers zu scheißen.

---

[132] Nacht-Eile ist was Anderes.

[133] Oder als Miliz-Mann.

π *
Und vor der Erfindung des Herrn Pampers wird er sich selbst beschissen haben.

Freude sollte keiner Primzahl entsprechen, also teilbar durch jede Zahl sein.
Es ist wie im Lotto: einmal verliert man, ein anderes Mal verliert man.

Schlechte Nachrichten sind detaillierter., und kommen ins Fernsehen.

DieseLOtto Erkenntnis über Lottozahlen: setze auf die Zahlen, die seltener gezogen wurden, oder auf die die öfter gezogen wurden[134].

KarLLotto Vermutung (beim Lottoschein ausfüllen): Setze auf deinen Geburts[135]- und Sterbetag- kann man beide aus der Sterbeurkunde erfahren- da hat man schon zwei richtige.
Und tippt auch noch auf`s Datum als man im Lotto gewonnen hat, dann hat man drei richtige., und 3 falsche.

Wetten gibt es deswegen, weil man die Ergebnisse von vornherein kennt: es gewinnt zwar einer etwas, wobei alle anderen verlieren, bis auf die Veranstalter.

---

[134] drei die öfter gezogen wurden, drei die seltener gezogen wurden und umgekehrt: so hat man gleich zwölf richtige.

[135] Deswegen wurde der Geburtstag erfunden. Um Lotto Sex aus 69 zu spielen.

π *

Was? Millionär? Heute spricht man von Milliarden. Ein Hunderter ist 0,1mm dick. 10 Scheine 1mm dick. 100 Banknoten 10mm, 100.000 Euro 10cm hoch. 1 Million 1m empor. 1 Milliarde 1km aufwärts. 100 Milliarden 100km himmelwärts. Davos. Also: Da wo`s mit dem Fallschirmspringen aus ist.

Axiom von Späth: Am besten kann jeder Katastrophen erklären. Und klären. Und zwar im Nachhinein.

Pauls verallgemeinerte Katastrophentheorie:

1. Axiome:

1.1- Mach Annahmen die keiner überprüfen kann.

1.2- Nervenzellen sollten seelenruhig gelassen sein.

2. Hypothese: Wiederholungen verdicken die Nerven. Sorry die Nervenbahnen.

3. Schlussfolgerung[136]:

Geschichte wiederholt sich nicht, aber die Geschichten und die Märchen werden immer dicker., wie Nervenbahnen für das Erinnerungsvermögen.

4. Beweis (Parkinson): Dem Menschen bleiben lediglich die Erinnerungen übrig. Und die Demenz[137].

---

136 Märchen zu Geschichte(n) machen.

137 Gott gebe Demenz, um so manches zu vergessen.

π *

Das Hirn besitzt uns. Gut dass es angeblich nur zu 5-10% aktiv ist. Bei mehr Aktivität wären die Katastrophen noch schlimmer.

Noch mehr Verallgemeinerte(re) Katastrophen-Theorie: Zusammenfügen von Synapsen können im Hirn inexistente Erinnerungen erzeugen. So wird man Künstler., Oder Schauspieler.
End-Ergebnis der Katastrophentheorie:
Fledermäuse, wenn sie hängen, scheißen antigravitational: nach oben.
Um den roten Faden nicht mehr zu erkennen, wird er durch die Bürokratie geführt: den roten Faden der Bürokratie erkennt keine Sau mehr.

Was erzählen die da, wie der Souffleur aus der Bühne? Richtige Märchen beginnen wie folgt:
Es war einmal ein Wald (Forstwirtschaft).
Es war einmal ein Tier (vom Aussterben bedroht).
Es war einmal ein Volk (Volkswirtschaft).
Es war einmal ein Planet...
... als das Pferd noch ein Nashorn war.

Von wegen: niemand steht über dem Gesetz[138]. De facto steht eigentlich niemand über dem Wissen., besser gesagt: über den Kenntnissen, dem Wissensvermögen.

---

[138] Ergo: dort, über dem Gesetz steht keiner; sie liegen alle., oder schlafen.

π *

Wer weiß wirklich was (das alles soll)? Niemand Komma Null. Keiner. Über dem Gesetz ist es leer.

Dem Paparazzo gelang ein Schnappschuss., aber es ist ihm nicht bekannt, wieviele Haftjahre so ein Foto mit einer Gruppe von Politikern enthält.

Die Gefängnisse sind ungeräumig.
Das Parlamentgebäude bietet genug Platz für Obdachlose an.

Das Gesetz ist für alle gleich, jedoch viel gleicher für die welche Immunität genießen. Vor Gericht sind alle bleich, nur manche eben bleicher[139].

Das „Ich hab mich versprochen"-Gesetz: Politiker halten ihre Versprechen nicht, damit sie sie erneut ver()prechen können.
Um juristische Probleme zu vermeiden, verwendet man allerhand verschiedene Maßeinheiten.

Das Leiden des jungen Wert(h)ers: Tut mir Leid, dass es mir nicht Leid tut, dass es mir Leid tun kann.

---

[139] (Aus)Sagt man vor Gericht die Wahrheit, landet man wieder vor Gericht.

π *

Billiard Regel Nr. 1: Es kommt lediglich drauf an, welchem Politiker[140] der Milliardär Geld zur Verfügung stellt[141].

Billy Yard Regel Nummer 2: Nur Käufer, und insbesondere Milliardäre wissen was sie nicht brauchen.

Ein Schaf ließe sich sehr wohl zwei Mal häuten; falls es ein Bock ist.

Vor dem Banküberfall sollten die Räuber sicherstellen, dass die Bank nicht gerade eben ausgeraubt wurde., von einem Bankier. Anders gesagt, dieses Prozedere heißt: Pleite gehen.

Mehr Uhren haben als Zeit haben sie zu synchronisieren, das ist kein Wohlstand, denn Zeit ist Geld und die Uhren sind alle ungenau.

Je schwacher die Gravitation desto weniger wissen die Uhrzeiger, wo oben ist[142].

am mittwoch abend stern-tv; frau kennedy beim jauch
sie stellt sich vor: ich kennedy. der günther sagt: i auch

---

[140] … der wie ein Komet mit dem Schwanz wedelt.

[141] Spendet ein Milliardär eine Million, wäre es wie wenn man 1000 Taler im Beutel hätte und einen davon einem Bettler dahinwerfe. Für Multimilliardäre… noch weniger.

[142] Sie zeigen auch nicht nach unten, denn wo das ist, wissen sie auch nicht.

π *
Ergebnisse ändern Hypothesen, welche die Ergebisse ändern, welche die Annahmen ändern, ändern, änd... End... delay

Wer zum Himmel emporspuckt., bläst der Wind.

Der Taifun nimmt auch öffentliche WC mit sich., in den Ventilator[143].

Das Gesetz vom Profit: Wer Wind sät, wird Energie (=mc^2) ernten[144].
Der Klon hat keine Mutter, nur,
der Klon hat keine Mutter, außer Mutter Natur[145].

black holes
Macht noch ein Paar Periodensysteme, denn schwarze Materie und Antimaterie erscheinen im Periodensystem nicht.

Aus einem schwarzen Loch kann nichts raus, es können aber andere Dinge als \`nichts\` raus: das Loch selbst.

Löcher sollten leichter sein. Bloß Schwarze Löcher sind schwer., sehr schwer.

---

143 Von wegen auf Toilette gehen und dort Andere mit „Malzeit“ grüßen.

144 U. z. erneuerbare Energie.

145 Aber überhaupt keinen Vater? Gottlos?

π *

Aus einem schwarzen Loch kann nicht mal das Licht raus; dann muss es aber stark beleuchtet sein., das Loch.

Lochs Prinzip: Löcher sind immer in Zoll zu groß, dafür aber in Zentimeter gemessen zu klein. Schwarze Löcher sind noch kleiner., oder wesentlich größer.

Schwarze Löcher[146] schlucken alles und rülpsen Gravitationswellen., wenn sie schwarze Löcher auffressen, dann erst recht.

Einsteins Gleichungen erlauben die Existenz von weißen Löchern. Weiße Löche weisen alles ab., bis sie auf schwarze Löcher treffen. Dann weiß man nicht meh was passiert. Wenn sie verschluckt werden, dann müsste ein graues Loc entstehen; etwas das alles wieder frisst; auch das was es wieder rausgespuckt ha Oder? Der Krug geht so lange zum Brunnen, bis er bricht., und kotzt.
Schwarze Löcher krümmen den Raum um sich herum., bis ein weißes Loch au den Gleichungen erscheint und zieht wieder alles glatt, wie ein Bügeleisen.

Da sprach der Albert Häuptling der Indianer- Einstein sagte: „Die Zeit ist eine Illusion.“

---

146 Black holes sind Gefängnisse im All. Folglich gibt es Aliens.

π *

Stimmt. Zeit wird tatsächlich zur Illusion, überhaupt dann, wenn man sie, die Illusion, durch Wurzel(1 minus v^2/c^2) dividiert[147].

(Falls v=c, dann teilt man durch Null; Physiker können das.)

Somit wurde die gesamte Physik- durch das Teilen- neu definiert (also das Durcheinander wieder auf den Kopf gestellt).

Die Wurzel-Postulate: Physik operiert mit Wurzel(1-v^2/c^2): alles was sich bewegt[148] (Zeit, Raum, Masse,...). Dabei soll es trotzdem Naturkonstanten geben.

IQ[149] ist eine dumme Sache geteilt durch Wurzel(1-v^2/c^2)

Geschwindigkeit ist Meter pro Sekunde geteilt durch Sqare-root(1-v^2/c^2), wo v^2 die Geschwindigkeit zum Quadrat ist,

die in Quadratmeter pro Sekunde zum Quadrat ist,

wo Sekunde die Zeit ist, welche man zwei mal durch Wurzel(1-v^2/c^2), also zum Quadrat teilt,

und dann verschwindet (ab und zu) die Wurzel., zum Quadrat., falls man mehrmals teilt... Sowas von ein-Fach, dass man nichts mehr darüber weiß.

---

[147] Es wäre wichtig zu wissen, wann Einstein behauptet hat, dass die Zeit eine Illusion ist: bevor er sie durch Wurzel(1 minus v^2/c^2) geteilt hat, oder danach. Mit anderen Worten: hat er die Zeit geteilt und sie wurde zur Illusion, oder hat er eine Illusion geteilt und es blieb dabei.

[148] Nicht vergessen: alles fließt. Herr Aklit auch.

[149] Glücklich die Armen im Geiste...

π *

Das Wurzel-Quadrat Dilemma hoch zwei: So wie ein Quadratmeter (m^2) zwei dimensional ist, so müssten Quadratsekunden (s^2) auch zwei dimensional sein. Ja, aber was genau ist km^2/s^2?[150] Das meistern lediglich Physiker. Denn falls die Zeit eine absolute (Variation der Variation des Raumes) und eine (Variation des Raumes), relative Komponente hat, dann haben wir den Salat.
Zeit ist Geld geteilt durch Sqare-root($1-v^2/c^2$).

Theory of Everything (TOE[151]): Wenn Physiker (s. Einstein und Co.) vier Kräfte vereinigen wollen, entsteht sofort eine fünfte dazu!
Vereinigen sie 5 Kräfte, taucht eine SiebEnte auf & so willkürlich weiter.

Schuster, bleib bei deinen Geisten.

Es ist ein Loch in der Ozonschicht- kann jemand da reinschauen?

---

[150] Nichts ist kleiner als die Planck-Zeit: die nicht kleiner als 10 hoch minus 43 sein kann, behauptet Planck. Tja, und falls man das quadriert- Quadratsekunden gibt es-, dann ist man mit 10 hoch minus 86 außerhalb der Planck-Ära. Also weg vom Zeitfenster.

[151] Toe wäre nur möglich, wenn man die Physikgrößen- damit sind nicht die Einsteins und die Bohrs gemeint- wenn man also die Physikvariablen als Funktionale schreibt. Dann ist die Größe abhängig zur Funktion im Funktional und nicht zum Gesetz selber. Zu kompliziert für Physiker.

π *
Gebet das die Ozonschicht nicht durchquert, sollte ausgesprochen am Südpol ausgesprochen werden.

Teilbarkeitsregel von 1: Die Sterne bemühen sich Atome durch Fusion zu erzeugen; der Mensch- Fision- spaltet sie.
Erzählt Wunder, damit euch das Volk bewundert und eure Theorien liest.

Einstein und Bohr[152] liegen, beide, nicht 100% falsch. Wer ihnen glaubt ist dümmer, wie sie. Ich habe nicht <als sie>, sondern WIE sie, gesagt.

Im Anfang waren die Buchstaben, davor keine Bleistifte, aber vorher die Laute.

Es macht vielleicht Sinn, etwas, anders zu sagen (das Gleiche in grün, aber mit anderen Worten, damit es jeder schnallt), aber wichtig ist etwas Anderes (Neues) zu erzählen.

Wahr()scheinlich
Ein Mathematikprofessor (bereits Vater von drei Mädchen) fragte mich: was wird der(!) vierte Nachwuchs wohl sein? Ein Junge? Endlich mal ein Bub?

[152] Dumm aber viele versus Genies dafür aber sehr dumm.

π *

Meine Antwort war: laut Statistik wird es ein Mädchen sein; der Wahrscheinlichkeit nach, aber, ein Junge[153].

Die Wahrscheinlichkeit dass Statistik und Wahrscheinlichkeit, die eine, genau das andere ist, ist sehr wahrscheinlich., statistisch gesehen.
Und die Unwahrscheinlichkeitstheorie ist bestimmt umgekehrt.
Die Wahrscheinlichkeit, dass ein Bit eines Datenpakets defekt sein könnte, ist eins zu ein tausend.
Die Wahrscheinlichkeit dass gleich zwei Bits eines Pakets simultan defekt sind, ist gleich eins zu einer Million. Damit kann man leben, sagt man auf gut deutsch.
Falls jedes zehntausendste Flugzeug bei jedem zehntausendsten Flug abstürzen würde. Tja, damit kann man leben., bis auf die Passagiere.

Lasst uns aus Fehlern lernen.
Wiederholung ist die Mutter des Lernens.

Moderne Sitzungen nennt man Telkos (Telefonkonferenzen), und sie werden gemacht, weil man glaubt, dass etwas in Ordnung ist[154].

Eine modernere Sitzung nennt man Kongress: die findet statt, um etwas mitzuteilen., und damit sich die Teinehmer untereinander nicht mehr verstehen.

---

153 Um spontan zu sein, braucht man nicht viel Zeit, sondern ein ganzes Leben.

154 Während der Sitzung wird man trotz Regeln unsicherer., oder genau deswegen.

π *

Die fifty-fifty Wahrscheinlichkeit ist wahrscheinlich kleiner als die sixty-sixty.

Die 100% Wahrscheinlichkeit ist keine. So wie die Null Prozent und die 50% Wahrscheinlichkeit auch[155].

In Berlin keiner, in Nürnberg 4, im Durchschnitt (in ganz Deutschland) 2.

Lies Statistiken, um zu erfahren wie gut es dir geht.

Man kann die Mathematik als Instrument verwenden, aber korrekt verwenden... Statistiken braucht man nicht fälschen; sie sind falsch.

Verlorene Zeit genannt T-Null. In der Schule kann man nur Schnappschüsse der Geschehnisse vortragen; für den gesamten Werdegang ist keine Zeit.

IT

Das beste Beispiel dafür, dass Software nicht kaputt gehen kann, sondern kaputt ist, ist der Mensch.

Apparate können mehrere Sachen als der Mensch tun; streiken auch.

Alles streikt zur unpassenden Zeit- Lediglich Menschen streiken zur unpassendsten Zeit.

---

[155] 50% wahr ist gleich 50% falsch. Simultan.

π *

Der für alle Programmiersprachen gültige Befehl: $H€ £OV€$ MON€¥.

Das Netzwerk braucht immer mehr Bandbreite: alles muss immer schneller ticken.
Das Netz ist langsam, ist zum Spruch geworden.
Manche Behauptungen sind bereits die Lösungen der Probleme. [156]

Die gute Nachricht: das Programm ist fertig.
Die schlechte Nachricht: das Programm ist fertig[157].

Jeder Programmierfehler findet die Zeit, um (vorerst unauffällig) zu greifen.

Bill Gates lag nicht falsch, als er behauptete, PC haben keine Zukunft; er war einfach nur schlau.
Die "Im Auftrag" Kompetenz: Ein richtiger Programmierer schafft den Auftritt des Fehlers erst nach dem Garantieablauf.
Kryptowährungen im Unterblick: Verschlüsselt immer nach einem anderen Schlüssel, denn Demodulation dauert länger. Die gegebene Antwort soll stets länger als die bekommene Antwort sein.

---

[156] Wobei: das Kommunikationsnetz sollte nicht mit einer Autobahn, sondern mit einem Fließband verglichen werden, auf das man Pakete und Briefe draufsetzt. Die können auch sortiert werden.

[157] ...und der Programmierer auch (am Ende).

π *

Zuverlässige Menschen bauen unzuverlässige Maschinen- ein Unterschied zwischen Pc und Mensch ist: Maschinen können verbessert werden.

Rechner arbeiten manchmal auch nach Programm. Oder nach dem Computerprogramm.

Wenn`s um künstliche Intelligenz (KI) geht, dann müssten die Maschinen das denken, was der Programmierer dachte, dass sie denken, aber leider gibt es auch Hifi-Verstärker[158].
KI wäre dann effektiv, falls sie die Dummen ersetzen könnte.
Die Meldung, dass ein Virus im System ist, kann ein Virus sein.
Das Gerücht ist immer größer als die Wahrheit.

Sag die Wahrheit, und du musst dir nichts merken. Wenn die Reziproke wahr ist, würden sämtliche Computer lügen, sofern sie einen Datenspeicher brauchen.

Waldbrände, sind gute Beispiele dafür, dass sich nach einer Zeit die Programme stromlos von selbst weiterentwickeln, ohne Entwickler-Hilfe.

Mit der Entstehung der Kunst des Programmierens haben die IT-Entwickler die Sprache des Fluchens in durchdachten Wörtern unprogrammiert mitentwickelt.

---

158 Kopfhörer? Um den Kopf abzuhören?

π *

Es gibt zu viel Information, aber Information vervielfacht sich in der Bürokratie bis sie unter geht.

Man trete einem Hund auf den Schwanz, und dann bellen viele Hunde überall., umsonst aber nicht gratis: das ist TV.

TV ist eindimensional und läuft nur in eine vom Sender erwünschte Richtung: nach außen. Andere Zeiten, andere Sitten: passt auf, nicht dass ihr ins Fernsehen kommt!

Formel einst- V > C[159], d. h., schneller als das Licht:
Die Letzten werden die Ersten sein: mehrere Ersten.

Geschwindigkeiten größer als die des Lichts verursachen mit Sicherheit höhere Stromkosten. Daher sind sie unerwünscht.

Das al(l)ways Axiom: Der kürzeste Weg durch den Raum, ist nicht unbedingt auch der kürzeste in Zeit. Um sicher zu gehen, nimmt das Licht alle Wege in Raumzeit, ergo auch den kürzesten[160].

---

159 Das Etwas, das schneller als die Lichtgeschwindigkeit fliegt, darf keine Masse und keine Information transportieren. Das verbieten die Physiker. Naja, vielleicht IST das die Information selber.

160 Der Weg zum Big Bang ist wahrscheinlich der längste.

π *

Falls alle Wege nach Rom führen, dann müsste es auch einen richtigen Weg geben.

Der Ein-Satz-Phrase Text “sehen und gesehen werden”: So wie ein Überschallflugzeug zuerst ankommt, und bloß später kann man es hören, so erscheint zuerst das Ding, welches schneller als das Licht geflogen kam, und wir sehen es erst später. Wo ist das Problem?: das sogenannte Universum war schon da, als wir es nicht sehen konnten. Wahrscheinlich ist auch noch vieles Andere (als das Universum) bereits da, was wir noch nicht sehen können.

Es gibt Sterne die wir sehen, und sie sind längst erloschen. Zum Beispiel in Hollywood gibt es Stars in der Rolle des Toten., und umgekehrt.

Gleich nach dem Urknall soll das Universum inflationär expandiert haben. Da also die Expansionsgeschwindigkeit wesentlich schneller als die Lichtgeschwindigkeit gewesen sein muss[161], geht es also doch (v>c), aber eben nur manchmal., wenn die Theorie stimmen muss. Ergo: etwas was leer ist, kann schneller sein als das Licht.
Schlussfolgerung: das heißt nicht \`nichts ist schneller als Licht\`, sondern das Nichts ist schneller als das Licht[162].

---

161 Eine Inflation mitten in der Inflation muss noch rascher sein.

162 Das Vakuum in alle Himmelsrichtungen.

π *

Bei Geschwindigkeiten größer als die des Lichts kann man mit Sicherheit nicht mehr gute Filmaufnahmen machen; (Kamera)mann läuft mit der Aufnahme hinterher.

Nicht nur die Zeit läuft davon. Das Nichts auch- weiter draußen ist nichts., und sein Echo.

Gegen den Sonnen-Wind soll man nicht mit Lichtgeschwindigkeit urinieren, weil man bei Licht gesehen wird.

Die Ziege frisst Clorophyll, der Wolf frisst Photosynthese; letzendlich Licht. Das heißt, auf Dauer, die Sonne vergräbt sich in die Erde., und dann wird es dunkel.

Man sieht bloß die Farben, welche von den Sachen reflektiert werden; die anderen Farben schlucken die sichtbaren Dinge. Es sieht danach aus, dass man nur das sieht, was die Sachen eigentlich nicht sind. Ein grünes Blatt ist alles andere als grün.

Politik

Ob es ein weißeres Haus als das Weiße Haus gibt?

Der vereinfachte Vier-Farben-Satz:

Es gibt 3 Arten von Ländern,

- die in denen es zählt, wieviele Stimmen die Wähler welchem Politiker abgeben,

π *

- die in denen es bloß ausmacht, wer die Stimmen zählt,
- und die Länder in denen alleine nur das zählt, wer das Ergebnis der Wahl ankündigt.

Volkswirtschaft: Je mehr Dumme, desto größer die Demokratie.

Die Griechen haben die Demokratie erfunden, und die Römer haben sie gestohlen.

Mobs Regeln: Demokratie ist ein Durcheinander, wo lauter Schimpfen erlaubt und ignoriert wird.
Die Dummen sind immer mehrere[163]., auch in einer Demokratie. Besser gesagt: genau da.
Depps Quantität Theorem: Je größer die Anzahl der Idioten, desto dummer die Demokratie der Gewählten.
Depps Qualitäts Korollar: Nicht bloß von der Anzahl der Schlauen hängt die Qualität der Demokratie ab, sondern mehr von der Anzahl der Bekloppten.
Polytikiller Postulat: entweder ist es besser, die Linke weiß nicht, was die Rechte tut.
Oder schlechter. Oder so…

Wissenschaft macht Schule
(Die Schule ist eine Fabrik welche Probleme erfindet):

---

[163] Sie stellen die Mehrheit sowieso.

π *

Kritik der unreinen Unvernunft, UnsteuerUnerklärung, ungenaue Uhrzeit, unarmer Schlucker, Stein der Unweisen, UhrzeigerUnsinn, Bildungsunwesen, LiebesUnerklärung, Krieg und Unfrieden, WirtschaftsUnleistungen, Unwirtschaftsleistungen, Kap der unguten Hoffnung, Planet der Unaffen, Ungeburtswehen, Unglaube an Siegen, die Entführung in dem Serail, Unplötzlicher Tod, Untod in Venedig, Unsterberate, unbinäre Unlogik, Unführerschein, FührerUnschein, Dienstunleistungen, Undienstleistungen, letzter Unwunsch, unletzte Hoffnung, ZwangsUnarbeit, unherzlichen Unglückswunsch, Lotto Unzahlen, Unlotto zahlen, Unsinn des Lebens, zum Untod verurteilt, unbittere Rache, Unvermögensberater, UnabhängigkeitsUnerklärung, dritte Unwelt, unkritische Masse, Unquantentheorie... mit anderen Worten U.N.-Probleme.

Einstein beim Essen mit einem französischen Schriftsteller, der immer wieder aufstand, fortging und wieder kam, weil er sich neu eingefallene Ideen notieren musste:

- Machen sie das nicht auch so?, fragte er Einstein.

- Nein, ich habe nur eine einzige Idee, kam die Antwort.

Tja, dass man bloß eine Idee hat, welche ursprünglich von Henry Poincare stammt, und die Poincare verworfen hat...

Andererseits ist bekannt, dass Einstein beim Patentamt gearbeitet hat; da wird er sich oft (außer sich) die Haare vom Kopf gerissen haben, weil nicht

er selbst die neue Idee hatte, die er zu patentieren bekam. Deswegen wird seine Frisur dermaßen zerzaust[164] ausgesehen haben.
Aufwärtskompatibel gibts nicht, abwärts kompatibel auch nicht- nur abwärts.

Der Lehrer erwartet vom Lehrling, genau nur das zu hören, was er ihn gelehrt hat[165].

Obdachlose hätten Hausaufgaben.
Aber ob Obdachlose Haus()aufgaben machen?

Die Beweisführungen werden in der Schule für jeden Jahrgang wiederholt, bis man sie anpassen muss., die Bücher.

Würde die Zeit nicht für immer existieren, könnte es sein, dass der Mensch bei der Arbeit nichts zu tun hätte.

Mit der Zeit lernt man sich zu Tode zu langweilen.
Am Gymnasium lernt man vieles, was man später gar nicht braucht, um sich doch entscheiden zu können, welchen Unnutz man danach studiert.

Die Limes Berechnung leichtgemacht: Die Grenze der Unmöglichkeiten ist näher.

---

[164] Struwelalbert.

[165] Wenn`s geht: auswendig.

π *

Abstrahieren ist reduzieren von Aufmerksamkeit.

Korrigierte Energie-Formel: Entnehmen minus zurück tun ist gleich kleiner., Plus ein bisschen Arbeit.

Wiegenlied: Vom Wiegen wird die Sau nicht fett.
Wiegenlied-Konsequenz: Alles messen, was messbar ist; allein die Physik, für die es keine Messinstrumente gibt, (die) ist am korrektesten.

Mathematische Funktionen wurden infolge der Redewendung „Kommt drauf an“ erfunden.
Kommt drauf an: wer misst. k(d,a) = w(m)
Hängt davon ab., also immer vom erwünschten Ergebnis. h(d,a) = v(e,E)
Die Antwort auf jede Frage lautet: kommt drauf an.

Wissenschaftler erklären nicht, was ihre eigenen Theorien nicht unterstützt, geschweige denn was ihre Theorie untergraben würde[166].

Um anderen die Schuld zuzuweisen, wurden das Beichten in der Kirche und die Mannschaften[167] erfunden.

Theorem-Fabrik

---

[166] Was andere auch verstehen ist veraltert.

[167] Teamarbeit.

π *
(Wie man Theoreme fabrizieren kann):

verwendet man Ähnlichkeit in 2 rechtwinkligen Dreiecken entdeckt man Pythagoras` Theorem.

verwendet man 2 Mal Pythagoras` Theorem erhält man den cosinus Satz.

verwendet man 2 Mal das cosinus Theorem erhält man Stewarts Theorem.

verwendet man 2 Mal Stewarts Theorem erhält man ein Theorem welches noch keinen Namen trägt.

verwendet man 2 Mal das ohne Namen Theorem, <ONT>, findet man das <ONT(2)>-Theorem,

und so weiter jede Menge No-Name Theoreme.

Bemerkung: dass diese Theoreme (mit der Zeit) trivial werden, spielt weniger eine Rolle- genug Namen muss man haben[168].

Diesem übergeordneten Theorem kann man auch einen Namen geben: Theoremtrivialisierungstheorem (TTT).

Gedankenfreiheit ist stets voluminöser als die Freiheit[169] selbst; immer eine Nummer zu groß.

Nach dem Motto, der eine spricht mehrere Sprachen, welche sein Gesprächspartner nicht versteht: und?, was bringt ihm das?, kenne ich die

---

[168] Siehe Namen der chemischen Stoffe.

[169] Vom Himmel/ Paradies erwünscht sich der Mensch Gefangenschaft, und nicht Freiheit.

π *
Lösung der Vereinigung von Relativität und Quantentheorie; und was bringt mir das (wenn die anderen es nicht verstehen)?

Ein roter Faden zieht durch die Chromosome der Verwandschaft.
Die meisten genetischen Mutationen macht das Geld.

Experimente müssen die trendigste Theorie bestätigen. Aber mindestens die Relativitätstheorie.

Es dauert immer länger hin als zurück.

Je mehr Zeit man hat, andere zu überholen, desto sicherer ist man der Letzte.

Die kurz undeutlich Sätze
Entschlossen flexibel zu entscheiden... wie Buridans Esel.

Ein Mann ein Wort, Byzantiner, Trizantiner… Falls man mit Ausnahme von Ausnahmen nicht auf Regeln kommt, dann stimmt was.

π *

Vereinigung der Theorien[170]: Wann sind wir endlich da? Das ist nicht nur eine Frage der Relativitätstheorie, sondern auch eine Frage des Unbestimmtheitsprinzips der Quantenphysik. Wann seid ihr endlich da? Alle die die dich überholen nehmen deinen Parkplatz am Ankunftsort.

Die Anzahl der Optimisten wächst nach()dem Gesetze gelesen werden, und schrumpft nach dem man sie deutet.

Neue Besen kehren gute Staubsauger.

Verschmutzen bedeutet Atome an nicht passende, nicht adäquate Plätze zu platzieren.

Man repariert solange bis alle Werkzeuge zu Baseballschläger[171] werden, und dann als Brechstangen verwendet werden.

Dass die Reparaturkosten ohne Mehrwertsteuer gleich dem Preis der neuesten Maschine sind, erfährt man erst nach der Reparatur.

---

[170] Ich habe die Ergebnisse der Vereinigung der Relativität mit der Quantik, wonach die Physiker seit Einstein suchen. Das erste Ergebnis ist: die gesamte Physik muss in der Sprache der Distributionentheorie neu geschrieben werden, und dann wird ersichtlich, dass die Big Bang Theorie falsch ist. paul-u1@gmx.de

[171] Vorschlaghammer für Uhrmacher.

π *
Hoffnung ist die Wiese, auf der die Narren grasen. Hinterher sind die Offiziere schlauer. Und die Bankiere auch. Wie der Bänker schon dachte (über seine Kunden): lasst jede Hoffnung, ihr die in die Bank eintretet.

Bankiere haben Gehälter, damit sie korrekt sind., und unbestechlich. Genauer genommen: ehrlich., und honett.

Und, wenn Bankiere Gehaltserhöhung beantragen, dann werden sie noch ehrenvoller.

Nun, hier aber versagt die deutsche Grammatik: in dem Sinn dass es auch Adjektive gibt, die mehr als drei Steigerungsformen haben: bei der ersten Gehaltserhöhung wird man als Bänker korrekter, bei der zweiten wird man am korrektesten, bei einer dritten Lohnerhöhung wird man die Korrektheit in Person, bei einer vierten Lohnerhöhung wird man Milliardär.

Die Steigerungsgrade des Wiewortes „korrekt“ sind also: korrekt, korrekter, am korrektesten, Korrektheit in Person, Milliardär, Multimilliardär, Mogul, und schließlich Amerikaner.

Ergo: der korrekteste, (ho)nettere, ehrenvolle müsste ein Businessman sein., oder eine Geschäftsfrau.

Wenn die Pandemie kommt, gehen alle Verbrecher maskiert zur Bank.

Die Armen brauchen weniger ein Portmonnaie, aber mehr eine Bankkarte., mit Dispokredit.

Hat man Geld für Werbung, dann gehts einem sehr gut., Oder sehr schlecht.

π *

Es heißt: `Lidl lohnt sich`. Sich. Wen den sonst?

Der Becker: Brot seit 1815. Das muss was für Archäologen sein.

Falls die Hoffnung zuletzt stirbt, dann bleibt der Apokalypse nichts, als Kadaver übrig.

Blaues Blut (der Könige[172]) weil sie blau sind?

Wenn man für Blaues Blut auch noch 4 Blutgruppen erwägt, dann wären es insgesamt 8.
Der Stammbaum müsste auch Jahresringe haben.

Um zuletzt zu lachen, müsste man auf mehr als Milliarden Menschen warten.
Und die lachen auch noch in unterschiedlichen Sprachen.

Das Doppelspaltexperiment: Spitzel[173] dürften zwei Renten[174] beziehen, eben weil sie meistens zwei Berufe ausgeübt haben.

---

[172] Und welche Farbe hat das Blut der Kaiser?

[173] Ob Spitzel auch Namenstag feiern? Also Spitzelnamenstag?

[174] Die Rolling Stones gehen nicht in den Ruhestand, denn sie haben keine Rente.

π *

Wir drücken ihnen die Daumen- Erkenntnis: Daumen drücken, ist nicht immer Daumen drücken. Es war bestimmt extrem unangenehm, als die Stasi-Mitarbeiter die Daumen drückten., die Daumen der Anderen.

Schade, dass Organtransplantation nicht früher erfunden wurde; dann hätten die Quäler besser auf Herz und Nieren, und Leber der Opfer aufgepasst, denn anders lebt es sich mit einem guten Herz[175].

Haben und Nichthaben: Und wenn man keine Villa hat, ja, dann ist man willenlos.

Siamesische Zwillinge- Doppelfehlbildung- conjoined twins- müssten mehr als nur eine Seele haben. Mehr als eine, jedoch weniger als zwei Seelen.

Vom Aussehen her müssten sich mehrere Chinesen mit dem gleichen Pass legitimieren können.

Im Visier haben: Hacker beaugapfeln einander.

Götter beäugen einander auch?

Laut Quantenmechanik braucht man Partikel lediglich anschauen, und schon hat man sie beeinflusst- ob der Herrgott auf`s Universum geguckt hat[176]… als es ganz klein war?

---

175 Schade, dass Seelen noch nicht transplantiert werden können.

176 Nicht die Haltbarkeit des Materiellen sondern die Beständigkeit des Immateriellen ist wichtig.

π *

Da guckt man wie der Lenin zur Mausoleumsdecke: Das Auge sieht eigentlich nicht; es kriegt bloß reflektierte Photonen auf die Netzhaut. Also wie man etwas, das bloß reflektiert, beeinflussen kann, bleibt rätselhaft.

Seiner Zeit muss Wilhelm Conrad Röntgen mehrere Sachen als andere Seinesgleichen gesehen haben.

Vergesst die Dimensionen. Dimensionen sind künstliche Produkte, um beim Orten zu helfen. Sie sind nichts anderes als adverbiale Bestimmungen. Dimensionen gibt es jede Menge: Länge, Breite, Höhe, Farbe, Geruch, Richtung, Bewegung, Krümmung, Lot… Senkrecht; man nehme eigentlich so viele Dimensionen man bräuchte, um in allerhand gekrümmten, durchlöcherten, fraktalen, beweglichen Räumen etwas zu orten und zu erkennen. Vorgestern muss der Raum gekrümmter als heute gewesen sein.

Wenn eine Warteschlange in ein Gebäude hinein führt, dann ist sie länger. Und das entsprechende Gebäude ist länger als größer.

Über die relativistische Raum-Zeit:

Kommt die Zeit als Größe/ Variable in einem Gesetz, oder einer Formel nicht vor, dann ist das Gesetz, egal für welche Zeit, gültig, also, sage und schreibe, für immer gültig.

Ergo: baut Gesetze auf, ohne die Zeit mit einzubeziehen., wenn`s geht.

Kommt der Raum als Größe/ Variable in einem Gesetz/ einer Formel nicht vor, dann ist das Gesetz, egal für welchen Raum (also überall), gültig.

π *
Also: baut Gesetze auf, ohne den Raum[177] mit einzubeziehen., Wo`s geht.
… wenn`s um Gesetze gehen soll, die immer und überall rechtskräftig sein sollen.

Zeitdilatation gibt es sehr wohl: sie beginnt genau in dem Moment in dem man die Abkürzung nimmt.

Organisation ist alles! Wer Ordnung hält ist nur zu faul zum Suchen.
Die end()gültige Dokumentation ist… darüber was ab sofort nicht mehr aktuell ist.
Es wird gestohlen.
Erst wenn die Dokumentation fertig ist, fängt man wieder von vorne an.
Oder von Hinten.

Sprüche muss man auch anpassen., mit der Zeit.
Aphorismenfabrik (auf Verallgemeinerung von Sprüchen basierend):
- Wer nicht den Verstand seines Alters hat, hat dessen Probleme (des Verstandes, oder des Alters).
- Wer die Bräuche seines Volkes nicht hat, hat dessen Probleme (der Bräuche, und die des Volkes).
- Wer den Stein der Weisen nicht hat, hat bloß dessen Sorgen.
- Wer die Italien Mafia hat, hat dessen Sorgen (die Italiens, oder die der Mafia).

---

[177] Nun, wenn es die Planck-Länge als kleinstmögliche Einheit gibt, dann muss der Raum aus lauter Inseln bestehen. Und dazwischen nix.

π *

Sprüche versus Lebensweisheiten: Er kam, sah und setzte sich, wie die Antimaterie in Gleichungen.

Der Teufel scheißt immer auf den größten Haufen- Das macht das Kraut auch nicht mehr fett. Der Teufel macht nur dorthin, wo schon gedüngt ist- Beten und düngen ist kein Aberglaube.
Dankbarkeit und Weizen gedeihen lediglich auf gutem Boden.

Wer gut für sein Gemüse sorgt, der wird es in seinem Schwein widerfinden- und den Apfel im Maul.

Zuerst kommt das Fressen, dann die Moral. Millionen Fliegen können sich nicht irren: auf der Kacke.
In der Not frisst der Teufel Fliegen. Fliegen und Freunde kommen im Sommer: auf Besuch[178].
In der aller größten Not schmeckt dem König der Käs' auch ohne Fliegen.

Es gibt gefälschtes Wetter und falsche Kleidung. Der April macht Wasser wild.
Jedes Wetter ist schön, weil man es erleben darf., wenn man jung ist …und gesund… und klug… und…

---

178 Freunde hat man nicht umsonst, mein Freund, alle bezwecken was.

π *
Es fängt gut an, sprach der Zimmermann: da hieb er sich den Daumen hoch.
Die Zeit heilt alle Kunden.

Das Auge ist ein Finster in die Seele. Besser 1-äugig als blind. Unter Blinden ist der Einäugige König. Liebe macht blind.

Wer im Glashaus sitzt, sollte nicht mit Scheinwerfer.

Wahrer Adel liegt(.) im Gemüte und nicht im Geblüte! Herrenfürze sind nun mal edler. Adel verpflichtet.
Der Arzt ist ein Wegweiser ins Himmelreich., ohne GPS.

Der beste Arzt ist jederzeit des Ei Genen Menschen Mäßigkeit. Das Genom als Buch wäre 800 Bibel dick. Manipulierte Genen sollen schlimmer als Genen selber sein. Dagegen gibt es Tiere, die Medikamentenfabriken sind.

Wenn du einen Freund brauchst, kaufe dir einen Hund. Den letzten fetzten die Hunde.
Der Hund ist ein Freund des Menschens. Die Freundin der Briten heißt: Bitch.

Von Null kommt θ. Große Klappe, 0,nichts.
Frechheit siegt. Übermut tut selten gut.

π *
Einmal ist keinmal: Ein leichter Schlag auf den Hinterkopf verdoppelt das Nulldenkvermögen.

Der erste Eindruck zählt. Selbst die größten Könige gehen zu Fuß auf`s Klo; 1 Druck zählt. Es sei denn, das Klo bei Versailles war hinten im Garten. Dann benutzte man den Nachttopf.
Amtleute geben dem Herrn ein Ei und nehmen dem Bauern 2 (beide), weh dem Eunuchen.

Ordnung ist das halbe Leben, aber die andere Hälfte ist schöner.
Statt meiner besseren Hälfte, lieber 2 Viertel.

Po sieh tief- fick tief versus positiv, fiktiv: Einem nackten Mann kann das Finanzamt in die Taschen greifen.

Die Kirche ist erst aus, wenn man aufhört zu singen. Es gibt nichts Gutes, außer man tütet. Wo man singt, da lass dich nieder, Bösewichter haben keine Schlager.

Der Ton macht die Musik., und die Bohnen auch.

Der be(r)ste Prediger ist die Zeit. Wer nicht anfängt: „ich habe fertig."

Wenn man unter Wölfen ist, muss man mit ihnen schlafende Hunde nicht wecken. Schlaf ist die beste Medizin. Den Seinen gibt's der Herr im Schlaf. Trotzdem findet sich für jede Dummheit einer, der morgens aufsteht.

π *

Gelegentlich machen Diebe Liebe. In der Liebe und im Krieg ist alles erlaubt.

Nach einem Krieg gewinnt keiner, aber die Sieger (welche überleben) dürfen alles vergewaltigen[179].

Wer hat mehr, versus wer hat Mehrere erlebt. Casanova?
Krieg: Kommen Vandalen und vergewaltigen alles. Nach 20 Jahren kommen sie wieder. Wenn da kein Inzest passiert?
Nach einem weiteren Weltkrieg wird mit Sicherheit das Gesundheitssystem zusammenbrechen; das infolge der vergewaltigungsbedingten Vaterschaftstests. Unmengen davon. Um zu erfahren: wer ist wer.

Gut geklaut ist halb verdaut. Hunger ist der Bestie Koch. In der Fürze liegt die Würze. Zu viele Köche verderben dabei.

Leider machen Leute. Mist der Ruf erst ruiniert, lebt es sich recht ungeniert.

Kleinvieh macht auch Mist. Klein, aber fein.

Wer weiter will als sein Pferd, der sitze ab, und gehe zu Bus.

---

[179] Mehrmals gewonnen und nur ein Triumphbogen?

π *

Pferd und Reiter zäunen. Hast du Null Pferd, so nimm den Esel. Wenn es dem Esel zu wohl wird, geht er auf's Eis tanzen, oder die Kuh vom Eis holen.

Wer auf einem Bein nicht stehen kann, der sollte levitieren. Levitieren ist leicht., ich meine leicht sein.

Man soll das Fell des Bären vorher verteilen, und dann ist er erlegt., und skalpiert.

Nur der Vorgesetzte macht Ausnahmen., die die Regel erweitern... auch durch den Ruin ins Jenseits.

Es ist noch kein Kleister vom Himmel gefallen, aber vom Gerüst.

Wer dazu fähig ist, auf den Mond zu landen, der könnte so eine Landung auch bloß vortäuschen. Wer aber eine Mondlandung nur schauspielern kann, der bleibt ein Stuntman, ein Doubel unfähig zu fliegen.
Wird Neil Armstrong ein paar Bakterien auf den Erdtrabanten abgeschüttelt haben- mal sehen was daraus wird: aus dem Mond, oder aus den Bakterien.

Kleiner ist zu winzig, ein Meister zu sein. Handwerk hat goldenen Hoden.

π *

Was ist wohl die kleinste Kreatur in die man sich wieder()einfleischen kann? Ob Wiedergeburt als Bakterie möglich ist?, denn Reinkarnation in ein Virus (also kleiner als eine Zelle) ist unwahrscheinlich: da passt eine Seele nicht rein.

Wäre ein Virus zu Mutationen konstant fähig, dann wüsste man wenigstens etwas Sicheres über Viren.

Ein Virus kann in einem Labor jederzeit nachgebaut werden, auch falls seine totale Vernichtung gelang.

Man unternimmt eine kleine genetische Mutation und, fertig, gleich hat man keinen Impfstoff mehr für die neue ViRussin.

Stellt euch zur Wahl, damit ihr Immunität erlangt., gegen Viren auch[180].

VHS: Virenhustensteuer einführen., Und mehr als 14 Tage Quarantäne für Obdachlose.

Ziehen viele den Hut, ist es Respekt. Ziehen alle den Hut: Hut ab. Wenn viele applaudieren, ist Fußball. Wenn alle applaudieren ist Diktatur.

In Nordkorea gibt es keine Covid-19-Genesene, wahrscheinlich weil Geistliche dort nicht exorzieren dürfen, da Religion im Kommunismus

[180] Politiker müssten sich nicht Impfen lassen: sie genießen Immunität.

unterdrückt wird. Dennoch soviel Kasperletheater um das Corona Virus und die Maskenpflicht; ist doch jeden Tag flächendeckend Karneval.

Mit dem Impfen kann man abwarten und schauen, wie die Evoution abläuft. Wenn aber (inzwischen) die Selektion zugreift, dann hat man Pech gehabt.

Intelligenz ist die Fähigkeit der Umwelt uns zu akzeptieren. Der Mensch ist sich sicher, es sei umgekehrt.

Stellen wir uns mal ganz dumm, und überlegen trotzdem: ist ein Fisch in einem Aquarium von 4 Glasscheiben umgeben, kann sich aber höchstens 3 davon merken, dann glaubt er wohl, dass seine Umgebung uneingeschränkt, also unendlich ist, denn trifft er auf 4 Scheiben nacheinander, ist die erste schon vergessen, und der Fisch versucht sie erneut zu durchqueren. Mit anderen Worten hängt (bei manchen) der Glaube an die Unendlichkeit (der Umgebung) vom Erinnerungsvermögen ab., beim Delfin nicht, denn der ist intelligent., und versucht Sprünge über den Wasserspiegel (ins Jenseits).

Transplantation von wenig benutzten Organen versus Hirntransplantation: wozu soll ein kaum benutztes Hirn einem anderen Menschen helfen? Tja, eventuell eine andere Muttersprache, nämlich die des Spenders sofort, im Nu, zu sprechen, falls es von einem Fremden stammt. Was aber macht man mit einem Einstein-Hirn?, weitere Fehler der Relativitätstheorie unter`m Teppich kehren?

π *

In der Hoffnung nicht zeitraubend zu sein, widme ich dieses Buch meinem 42 Jahre Komma 2, 3, 5, acht… ach, der Zeit immer hinterher.

English-british Übersetzung ins Angelsächsische:
Belong, sei lang- be-twin, sei Zwilling- good buy, gut eingekauft- enter price, Preis eingeben- forgive me, gib mir vier…

Im Deutschen trennt man manche zusammengesetzten Wörter nicht, denn wollte man auf kurze Wörter, wie \`Rindfleischetikettierungsüberwachungsaufgaben-übertragungsgesetz\` verzichten, dann entstünden noch längere Wörter, wie: rindfleischetikettierungsüberwachungsaufgabenübertragungsgesetzlos.

Nachwort (bzw. Wörter): das Axiom, die Lichtgeschwindigkeit (im Leerraum) ist gleich c, ist falsch; perfektes Vakuum gibt es im gesamten Kosmos nicht. c ist ein oberstes Limit, das die Geschwindigkeit des Lichts nie erreichen kann; somit werden viele Kontroversen zwischen Relativität und Quantentheorie gelöst (z.B. das EPR Paradoxon), denn zwischen c und Lichtgeschwindigkeit kann es sehr wohl größere Geschwindigkeiten als die des Lichts geben (jedoch kleiner als c).
Hubbles Gesetz besagt, dass die Galaxien auseinander driften, u.z. mit einer Geschwindigkeit die mit der Entfernung wächst. Nun, ab einer Entfernung (von mehr als 3000 Parsec) dürfte die Expansionsgeschwindigkeit größer als die Lichtgeschwindigkeit werden.

π *

Astrophysiker nehmen an, dass das Universum homogen ist, obwohl ihre Schlussfolgerungen zur Big Bang Singularität führt, was alles andere als der Rest des Universums ist.

Des Weiteren haben meine Berechnungen ergeben, dass das sogenannte Universum nicht ein geschlossenes System ist und dass die sogenannten Naturkonstanten nicht konstant sind, sondern variabel in Zeit. Physiker rechnen mit der Zeit als Größe, ohne sie vorher definiert zu haben. Ich definiere die Zeit: Zeit ist Bewegung und daher 2-dimensional (Variation des Raumes und Variation der Variation des Raumes; eine 3-fache Variation wäre konstant). Zeit ist nicht eindimensional wie es die derzeitige Physik postuliert. Folglich ist die Raumzeit 5-dimensional[181].

Die gesamte Physik muß umgeschrieben werden, u.z. in der Sprache der Distributionentheorie (wo die Physikgrößen/ -Variablen als Funktionale dargestellt werden). Zudem kann unter nicht Verwendung der uneingeschränkten Unendlichkeit keine gültige Theorie aufgebaut werden.

Unter`m Strich meinte ein Schriftsteller (der das Manuskript gelesen hat): Die Dummen sollten dieses Buch nicht kaufen.

- Schreibe das direkt auf der Titelseite, meinte er.

Über die Idee hat sich ein Verfasser sofort geärgert:

- also wenn ich das Buch nicht kaufe, dann bin ich dumm.

---

181 Apropos: so gesehen wird Zeit (=Bewegung) in Meter gemessen. 1 Jahr ist nichts anderes als die Bahnlänge der Erde um die Sonne, circa 1 Milliarde Km. 1 Tag ist circa 40000 Km, das heißt die Länge des Äquators; eine Erdumdrehung um die eigene Achse.

π *

- Siehste!, habe ich geantwortet, die Reziproke stimmt nicht immer. Wer gescheit ist, kann dieses Buch lesen, wer klug ist kann es auch verstehen, wer intelligent und klug ist, könnte es auch deuten.

Der Herrgott sagte: es werde Licht. Astrophysiker erfanden schwarze Löcher, welche das Licht verschlucken.

Es heißt, massive Objekte krümmen die Wege des Lichts.

Die Gravitation kommandiert: das ist der Weg den du gehen musst! Und, wie eine Giraffe, schaut das Licht um die Ecke, nimmt alle Wege und umzingelt. Wenn das keine echte Krümmung ist...

Am achten Tag sagte der HerrGott: es werden 3 fundamentale Naturkonstanten.

Am neunten Tag sagte der Herr()Gott: es werden 45 Naturkonstanten., und dann noch ein paar Naturkonstanten, welche die Physiker mit der Zeit dann entdecken werden.

Am Tag X sagte Gott: es werde Roentgenstrahlung.

Bemerkungen: Punkt gefolgt vom Komma (.,) soll ein Anakoluth andeuten. Klammern () können auch ignoriert werden, aber man kann sich auch ein Leereichen, oder einen Trennstrich dazwischen ausdenken.

Der Autor (π*). Kontakt: paul-u1@gmx.de